秋吉久美子 調書

秋吉久美子
樋口尚文

筑摩書房

前頁扉写真© 日活『バージンブルース』

はじめに

秋吉久美子

このたび「秋吉久美子」研究本の出版について、映画評論家・映画監督の樋口尚文さんからお話をいただいた。確か十年ほど前にもお話があった。え、やだな。私はまだ死んでないのに、死んだ人みたいに本になるのは嫌だな。と思った。詳しく内容を聞くまでもなく、一旦お断りをした。でも今回、樋口さんより、十年経って改めてお話を伺い、出版界でもなかなか志ある映画書が実現しにくくなってきています、との大意汲み取り、あわてて、ハイハイ、いかようにもご協力いたします。と一八〇度くるりと回ってお受けすることにした。

書いては直してを繰り返すと、途中で大きな勘違いがあったりした時に、前後の文章含め、大工事になったりして、時すでに遅かったりすることも経験上知っているので、

「顔を突き合わせて、すり合わせて、知恵も寄せて、進めていくのはどうでしょう?」

「お写真は足りていますか?」

「如何ですか?」

と快諾後、もう一回くるりと回って、打って変わって協力的な態度で、本作りに参加することになった。

最初は研究本なのだから、研究してもらおう的な、ある種、のほほんとしたスタンスだったのだが、いよいよタイトルのご相談を頂き、「調書」と決まった段階で、然り！　とも納得し、ヤバイかも？　とも心は揺れた。研究本であるならば、多少、誹謗と捉えられるような発言であったとしても、あくまでも研究の範囲内で文字化したのです、で、済ませることもできるはずだったが、「調書」ともなると、女優めいた犯人が、なにやら名指しで、かくかくしかじかと白状していると捉えられても否めない。

例えば樋口さんが、

「イワシの頭は食べたことがありますか？」と聞いた場合。

「え？　イワシの頭は食べるものなのですか？」と返せば良い。

でも、ひとつ踏み込んで、

「イワシを一人で焼いて食べたことはありますか？」と聞かれたら、

「それはありません。イワシを一人で焼いて食べる女は奇妙ですから」と答えるしかない。

この場合、イワシを告発したのか？　あるいはイワシを一人で焼いて食べる女を陵辱したのか？　私にとってはかなり、切迫した質問となる。しかし、調書なので逃げるわけにはいかない。

加えて、叙情のない悲壮感は女には酷なのだ。重たいツイードのコートも女が似合ってはいけない。いや、むしろ、重たいツイードのコートを女が着る状況は、既に社会的に危機に瀕しているのかもしれない！　と大上段に構え、告発や陵辱を自己弁護したり、「とは言っても、決してイワシが嫌いなわけではありません」と、イワシにおもねったりもする。

樋口さんのインタビューを受けながら、調子を合わせて明るくやらないと、これはまずいことになる。と密かに感じた。なぜならば、真綿に包んだような曖昧な言葉で、最大公約数の意見を述べるのではさっぱり「調書」ではないし、「調書」に向き合っている以上、正直でいるべきだろうし、だからといって、イワシについて語るべきが、ツイードのコートにこだわりすぎるのも、これまたどうしたことか？となってしまう。

昨今、政治の問題に芸能人が触れることで、その辺の社会の受け止め方により、この国の意識が炙り出されているように感じる。とすれば、芸能界、特に私が関わってきた映画やドラマにおける監督や台本、作品について、過去の記憶の中からとはいえ、名指しで批評めいた感想を述べるのは如何なものか？

どんなに客観的に語ろうとしても、私が語る限り私の主観に過ぎない。かと言って「調書」は学術的な論文ではないのだから、スッキリと解決された数式なんてないのだ。所々に誤解を受ける発言は、頻繁に出てくるかもしれない。それは「調書」であるので、脇を少しばかり緩めたからだ。強面の刑事も、カツ丼を頼んでくれる刑事もいなかった。そのうち検事は出てくるかもしれない。弁護士はいない。裁判官は読者だ。

最近、胸にズンと響いた短歌を読んだ。

石鹼を泡立てていく許されることも一つの罰と知っている

歌人鈴木そよかが、十代の少女の時に書いたものだ。女優という犯人は、自分が目撃者であったということを今頃知った。女優は取り調べを受けることを引き受け、石鹼をつけてせっせと泡立て、調書に臨み、許されることでついに罰せられる。

やっちまったのかなぁ……。

ヤバイ？　かも？

いずれにせよしらばっくれるのも程々に、というタイミングでした。

大混乱のコロナ禍の中、人間の功罪の百年の結果に対して、パラダイムシフトが起ころうとするこの時期に、七〇年代にひょんなことから女優になった一人の女優が、ボッチのような点を置くことも、定めであったのかもしれません。

インタビュアー樋口尚文さんによる濃厚接触、秋吉久美子ロング・インタビュー、ひとり語りの記録です。

目次

はじめに　秋吉久美子　3

調書1　秋吉久美子が語る　超ロング・インタビュー　9

調書2　秋吉久美子を語る　秋吉久美子論　181

調書3　秋吉久美子を観る　出演作データベース　201

少し長いあとがき
——または、何ともいえないとんぼがえりの「知性」　樋口尚文　215

調書1

超ロング・インタビュー

秋吉久美子が語る

前頁扉写真『挽歌』1976年 ©TOHO.CO.,LTD

聞き手・樋口尚文

秋吉のルーツは蝦夷？

――いったいこの秋吉さんという類をみないキャラクターの女優さんがどうやって生まれたのか、最初にちょっとルーツを探ってみたいと思います。お父さまは函館のご出身なんですね。

もともとこの父方のルーツは仙台の、蝦夷《えみし》の抵抗が強かった宮城の登米《とよま》という村（現・登米《とめ》市）にあるんですよ。だから私、蝦夷のＤＮＡを継いでるんじゃないかと思ってるんです。赤貧洗うがごとき半農藩士の血筋らしいんですが、その祖父が長男なのに思い立って東京へ出て行ったんですね。そういう性分や行動がもしかしたら私にちょっと似てるかもしれませんが、彼は最初弁護士になりたかったらしくて、弁護士のお宅の書生になるんです。そこでそのお宅のお嬢さんの婿《むこ》候補にされたらしいんですが、美人好きな祖父はそこの不細工なお嬢さんから逃げたんですよ（笑）。

――すでにちょっと面白すぎるヒストリーですね。

祖父がその次に書生になったのが歯医者さんのお宅なんですね。そこで専門の大学など出ずに、書生の身から独学で歯医者さんの免許を取って、そのままなぜか仙台ではなく、函館に行って一旗揚げるんです。そこがちょうど五稜郭のそばで、丸井今井というデパートの隣の一等地。ところが函館は二度の大火がありまして、祖父の病院も焼けてしまった。それで今度は親戚筋をたどって岩手の陸前高田のお寺の参道に、また小野寺歯科医院をつくるんです。この前の東日本大震災の時に一本松が残ったところですね。父は、その祖父の函館時代に生まれ育って、岩手には行ってないはずです。なぜならば、父が五つの時に祖父と祖母が離婚して、父が二十歳の時に祖母に会いに行ったら、祖父が激怒して父に「勘当だ」と言ったそうなんです。祖父と折り合いが悪くなった父は関係が断絶しまして、離婚した祖母のほうの本籍地に入るんです。そこが東京都中野区。私は生まれた時から本籍は中野区なんです。住んだこともないのに。

——しかし秋吉さんのついぞ会わなかった祖父上は人生をダイナミックに切り拓いていかれたわけですが、それだけに気性も激しいんですね。きっぱり祖父上と絶縁した父上も。

そうなんです。父も父で「勘当だ」と言われたら、「わかりました」と祖母の戸籍に入って、それから二度と祖父に会っていないという。父の気性もガンコ者ですよね（笑）。そういう『次郎物語』とか『路傍の石』みたいな話がありまして、私は祖父の顔も知らないんです。でも、東北の震災で陸前高田まで行った時に、流されてしまったお寺の参道の、このあたりが小野寺歯科医院だったはずだ、という場所にも行ってみました。ここにおじいちゃんがいたんだなと。父と同じく祖父も釣り好きで、ちょっと離れた岸壁で釣りをしていて、患者さんが来ると誰かが呼びに来て、治療に帰る（笑）みたいな人だったらしくて。ある意味、わがままにわが道を行く人だった。甲斐あって八十五、八十六まで生きたんじゃないかな。

——ちょっとその気概は秋吉さんに隔世遺伝しているような気がしますね（笑）。函館で生まれ育ったお父さまは研究者になられます。

ところが父は戦後、静岡県の三島の皮革工場の研究室で働くうちに結核になってしまった。それで富士宮の結核病棟に入った時に、看護師であったうら若き母と知り合って結婚するんです。母は性格もいいし働き者だし、いい娘と思ったんでしょうね。母がまだ十九、父が二十七の時です。当時は結核と言ってもすでに特効薬もあるし、そんなに長く入院しなくてよかったはずなんですが、父の場合はちょっと医療ミス的なこともあって、なんと二年間ぐらい結核病棟にいたんです。その後は四国に行って、水産高校の化学の先生になって、そこで『二十四の瞳』みたいに生徒を教えていた。この徳島県の日和佐

テレビコマーシャルの撮影にて。

町（現・美波町）というのは、ウミガメが上がってくることで知られているところです。この頃は、父母にとってもとても美しい日々でした。毎週訪ねてくる生徒たちにカレーを作り、結婚祝いのお金が一年でなくなったと母が楽しそうに話していました。そこで父は、水産高校の隣にある水産試験場に遊びに行っていたらしいんですが、やがてそっちの方が楽しそうなので水産試験場に職替えをした。でも高温多湿の四国の気候が彼の体にはよくなかったらしくて、はるか自分のルーツがある東北、福島県のいわき市の水産試験場に移って、最後はそこの場長として公務員のキャリアを終えるんです。

――それで秋吉さんは福島育ちということになるんですね。

はい。父は面白い人で、海の水質の研究が専門だったのに、ドライの水産加工物とか腐らない卵とか、そういう商品を研究開発するのが好きだったんです。

――それで何か特許を取られたことはないんですか。

父は特許を取るとか、そういう山師的なところが一切ない人なんです。ひたすらアイディアマンで、そういう研究をすることが好きなんですね。そこはちょっと自分も似ている気がします。

――お父さまはお母さまとはとても仲がよかったようですね。

ええ、私も母とは仲がよくて、人生で二回しかけんかをしたことがない。そもそも私は母に逆らわない子だったんですが、一回目はおみそ汁の中によほど入れるものがなかったのか、胡瓜が入ってた時に「まずい」と言ったら凄く怒られました（笑）。二回目は何かテレビを見ていて、政府の予算を老人対策に充てるか若者対策に充てるか、という論議があった時に、「老人は自分の責任で生きてきたんだから、これからの若者にお金を使うべきだ」と言ったらしこたま怒られた。

その二回だけです。

——お母さまも何か文学系のことがお好きだったんですか。

母は七十過ぎからパソコンを始めるような好奇心のある人でしたが、文学系というよりは家政科系で、あれこれ作ることが好きでした。セーター、コートから下着類からカーテンまで、何から何まで全部手作りで、イチジクジャムから蕎麦まんじゅうまでこしらえて、うどんも手打ちでした（笑）。お寿司も自分で握るし。

——そういう暮らしを楽しむ感性が豊かだったんですね。

そうですね。ごく普通の地味な地方公務員の妻なんですけれども、何から何までできた人だったなあと感心しますね。ただし、子どもには甘かった（笑）。今の私もそうなんですが、子どもの頃もよく忘れ物をしたので、そのたびに学校へ習字の道具なんかを持ってきてくれました。

——お父さまは理数系だからあまり小説なんかはお読みにならなかったでしょうね。

それがそうでもなくて。父は文学にあこがれていましたが、祖父に止められました。だから、「小説現代」「小説新潮」「中央公論」「文藝春秋」などがいつも居間に転がっていました。そのせいで私も小さい頃から梶山季之とか川上宗薫とか（笑）読んでましたよ。

——小さい時から川上宗薫ですか（爆笑）。

もう推理小説、時代小説から官能小説まで。純文学は「世界文学全集」でデビューです。小学校に、「世界文学全集」の営業マンが来たりする。すると先生がうちの母に「久美子さんは優秀なのでぜひ取ってあげてください」とか薦めるわけです。母はそれが誇りだったから、地方公務員の乏しい限られた給料の中から私のため分厚い「世界文学全集」を毎月取ってくれてたんです。私は毎月それが来るのが楽しみで楽しみでしょうがなくて。「おそ松くんチョコレート」と同じぐらい楽しみだった。

デビュー間もない頃の広告の撮影にて。

――コビトチョコレートですね。「シェーチョコレート」もありました（笑）。「おそ松くんチョコレート」は一〇円で、その頃は私のお小遣いが三〇〇円くらいかな。

――あんまりテレビとかは見てなかったんですか。

見てましたよ。うちの中では一番ミーハーだったかも。『ひょっこりひょうたん島』も好きだったし、走れエイトマンの『エイトマン』も好き。ただし、夜八時が就寝時間だったので、母に「金曜日のディズニーワールドだけ見たいですからよろしくお願いします」とお手紙を書いて、金曜日だけ九時まで起きててもいいことにしてもらったり（笑）。他にも「バレエ教室にもぜひ行かせてください」「ヤマハの音楽教室にも行かせてください」と母にお手紙でお願いしてました。

――それはなぜ口でお願いしないんですか。

なぜだろう、なんだか字のほうが説得力あると思ったのかな。とにかく当時は自分がいた環境が現実ではなくて、本の世界のほうが現実だったんです。「世界文学全集」と「おそ松くんチョコレート」が私の人生の中で最高の喜びだった。そして近所の山に行って一人でトム・ソーヤの冒険を再現したり、ススキの穂をつないで砦みたいなおうちを作ってロビン・フッドになったり。お気に入りの切り株にすわり、「我が王国」について思いを馳せたり。いまだにあの切り株以上の椅子にすわったことはないです。

――一人が好きだったんですね。

小学校一年生の時には仲よしの男の子ができて、二人でいかだを作って、本気で海にこぎ出そうとしてたんです。その子の家に行ってキッチンで一緒にいかだを組み立ててようとしてました。その子には男の子どうしのような友情を感じたりして。学校に行く時も仲間として手をつないで行きました。

左上：父、妹（中央）と。　右上：妹と。
下：いわき市小名浜第一中学校時代（前から3列目中央）。

左上：父、妹と。
右上：妹と。
左下：母、妹（右）と。
右下：母、妹（中央）と。

すると、ある日その子が、一緒に行くのやめてくれよって言うんです。手をつないで学校に行ったから、他の男子にからかわれたんじゃないんですか。そこで「なんだその世間体っていうのは。嫌いだなあ」って思っちゃったんです。

――その小一のエピソードで思うんですが、よく女優としての秋吉さんが反抗的だとか言われましたけど、別に秋吉さんは先生や親みたいな権威に反抗するというタイプではなくて、狭量でせこい、けちな考え方が嫌いで、とりわけそこに強く反応するのではないですか。

おとなしく黙って受け入れるタイプではないですね。確かに普通のティーンの子は、親、先生、大人のことはなんでも気に入らないとか、きっとそういう思考になる。でも私は、この先生にも家庭があるのかな、家ではどんな顔してるんだろうとか、そういうことを考えてしまう。これって生徒対先生という図式からではなく、人間同士という関係から見ているわけですよね。私は人を見る時のバランスとして、八〇％が人間で、二〇％が職業や性別みたいな属性で考えます。人間八〇％、監督二〇％みたいに。でもなんだか日本人は、先生一〇〇％、生徒一〇〇％、女一〇〇％、男一〇〇％、上司一〇〇％、部下一〇〇％……みたいな考え方に案外なりがちで、人間の部分で人を見ない傾向がありますよね。そこがすでにけちなんです（笑）。

――そんなチビっ子時分から見どころのあった秋吉さんが県立磐城女子高（現・県立磐城桜が丘高校）に進んで文芸部の部長になって、十七歳にして早熟な私小説を書いた。このたびその貴重な現物をお借りして拝読したら、あまりに大人びた精巧な文章で本当に驚きました。

私自身は、出来がイマイチと思った。ここには、自分のオリジナルの新しいものがない。何かもっと新しい切り口が欲しい。私ってこんなものかと思っちゃった。よくあるもてない女の人が書いた私小説（笑）と変わらないなって。たとえば後の『蛇にピアス』（金原ひとみ）みたいな若い女子の作家が書い

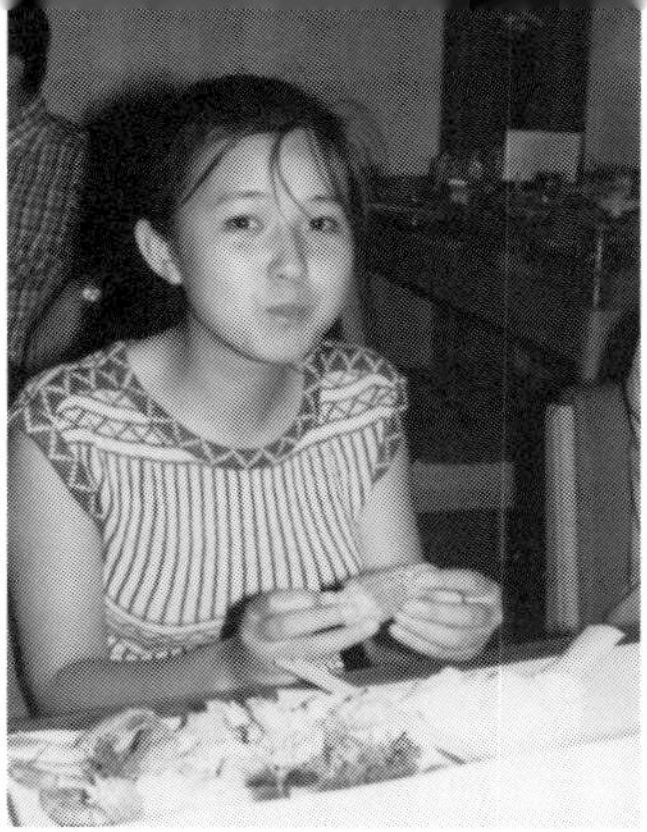

TBSドラマ『家庭の秘密』（'75）ロケ時のスナップ。

た小説はやっぱりある種の新しさがありますよね。それに対して、私のものは文章的にはとてもちゃんとしてたんですが……自分では不満だった。

――いやいや私は十七歳であれだけのものを書いていたなんて本当に感心しましたよ。

でも私は何かこれでは嫌だなって思ったんです。文芸部の指導の先生もたいして文学的な方面に詳しくはなく「おまえわかって書いてるのか」なんて言ってるぐらいの人たちだったし、上級生、下級生からファンレターももらいましたが、それでは満足しない……。もっとちゃんと導いてくれる人が欲しいなと思いました。あ、これだけは自慢なんですが、私が部長になったらこの文芸部の小説の文集の広告の量が二倍に増えたんです（笑）。フルーツパーラーバンビとか何とか印刷とか、営業マンとしては有能ですよね？（笑）

映画『旅の重さ』で現場のアイドルに

――そしてこの後、ＴＢＳラジオの「パックインミュージック」で映画『旅の重さ』のヒロイン募集を知るわけですね。当時この「パックインミュージック」、通称「パック」は、ニッポン放送の「オールナイトニッポン」、文化放送の「セイ！　ヤング」とともに深夜放送御三家と呼ばれていました。後に林美雄アナウンサーが起用されて新しい日本映画を盛り上げていました。

うちの妹はちょっと巫女みたいというか、妹が何かお告げみたいなことを言うと、私の運命が変わっちゃうんです。この頃は深夜ラジオを聴きながら、二人で向き合っておこたに入って勉強したりしてたんですが、そんな彼女と高三の春期の定期試験の勉強をやっていた時かな。募集の告知を聴いて、妹が「お姉ちゃん応募すればば」って言ったんです。撮影は夏休みの一か月と言っていたので、これは夏休みどこかに行って、受験勉強もしなくてすむぞと思っちゃったの。なぜかイコール入試に落ちるという発想はなくて、勉強しなくていいと思っちゃった。

――と言うか、秋吉さんは学業は優秀だったから落ちる由もないと思ったのでは。

まあ要領はいいのです。その春の模試も志望学部の圏内にいたから、「あ、こりゃ入るな」と全く安心してたの。

――妹さんはおいくつ違いですか?

二つ下です。

――お年も近いし、妹さんは文学、演劇方面、興味があったんですか。

それがそうでもない。ちょっと勘が鋭いところがあるんです。

――じゃあ勘が働いてお導きがあって(笑)、それで松竹に面接に呼ばれたんですね。

一般の応募者で呼ばれたのは私だけで、後は全部、事務所か劇団の女の子。マネージャーが付いていました。全国から募集ということだったから、私は地方から来たエビデンスだったのかな。この時、当時松竹の演技課の、とてもイカした女性がずっと私に付いて、お昼ごはんを食べさせてくれたり、なぜか早々にお隣の電通に連れて行って紹介してくれたりしました。「この子もしかしたら女優になるかもしれないからよろしくね」と言って。

――この時までに東京にはたまに来ていたんですか。

叔母が高円寺に住んでいたので、時々家族で来ては、数寄屋橋の不二家などで食事したりはしてました。ペコちゃんのカラフルな看板が思い出されます。

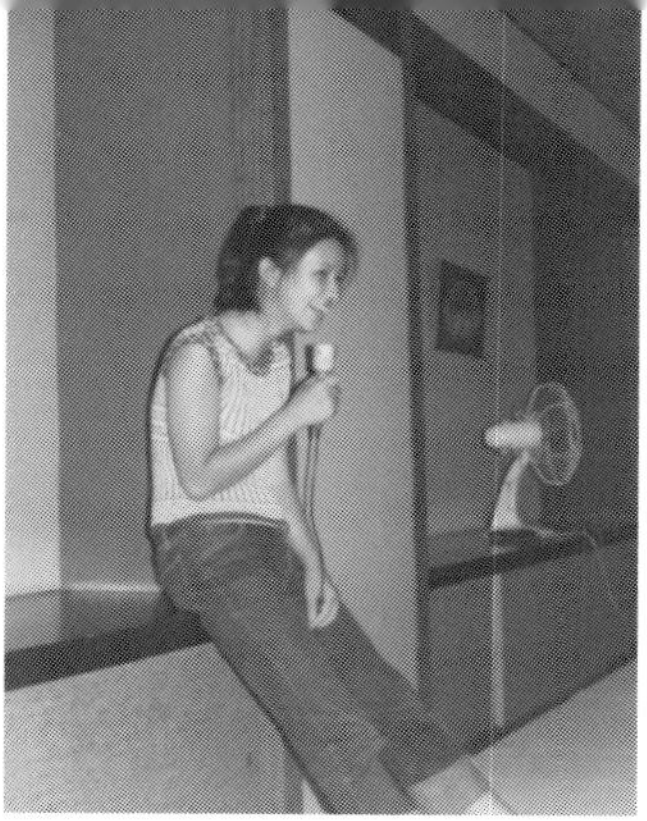
『家庭の秘密』ロケ時のスナップ。

——あの時分に数寄屋橋の不二家はちょっとオシャレに見えましたよね。

その頃から、銀座なんかに来るとやっぱり自分の居場所はここかなあとは思っていました。実はこの日に一人で颯爽と松竹に出かけたのも、電話を受けた時の彼女のしゃべり方が明るくて爽やかで、印象がとてもよかったからなんです。しかも面接を受けに来るのに、交通費も出してくれる。最終的に、素人なのに映画のギャラは七万円もくれました。お母さんが貯金しちゃいましたけど、その後どうなったのかな。

——しかも当時の金額ですからね。それに着いて早々、当時松竹のお隣とはいえ電通にまで連れて行くなんてフットワーク軽いですよね。

彼女が、私が見た初めての東京の女という感じでした。なぜかと言うと、あんな人は田舎にいなかったから。肩の線がきれいで、都会的な痩せたタイプで、まるでフェイ・ダナウェイみたいに見えました。ちょっと粋な感じのスカートの履き方とかブラウスのセンスとか、「ａｎａｎ」のイラストみたいな雰囲気（笑）。そんないい感じのおねえさんが、スパゲティナポリタンを、松竹の一階のプラスチックの緑のツタが絡まってる暗い喫茶店で食べさせてくれました（笑）。

——ああ、今はなきシャトーですね。ヨーロピアンで暗い鰻の寝床みたいな、やたら横に長い喫茶店でした。いつもスタッフやキャストが打ち合わせしていましたね。そしてすぐOKの返事は来たんですか。

その日は文学座にいた高橋洋子さんと私と、もうひとりもう顔も覚えていない人の三人に絞られて、結果、「高橋さんが主役で、あなたには自殺する文学少女の役をやってもらいます」と告げられました。

——それはいくらか悔しかったんですか。

私がこの役は全部わかっているのになあ、どうやればいいか全部わかってるのに、と思いました。「私が内容をつかんでいることを何でわかってくれないのかな」と激しく思いました。だけど、『旅の重さ』の途中まではいいとして、最後の漁師の妻としてたくましく生きていくところを演じてしまったら、『赤ちょうちん』も『妹』も『バージンブルース』もなかったかもしれない。『旅の重さ』のヒロインは、地に足のついた生活者になるんですよね。だから、このなりゆきは神様のお計らいなのかなと今は思いますね。宿命論者としては。

——それは全くもってその通りではないでしょうか。その両方はあり得ない。

すべてはその場のことではなくて、人生は時と場所の絶妙な組み合わせで成立している。

——ところでこうして県下有数の進学校にいた秋吉さんは、映画に出ることをよく学校に認めさせましたね。

いやあ……実は学校には何も言わず、担任の先生にだけ言ったんです。先生、私、映画に出ますって。先生は黙っててくれたんです。

——それはいい先生に恵まれましたね。でも最初にそれを聞いた先生はなんと?

先生は、明治創立の由緒あるその女子高から優秀なる成績で優秀な大学へ行き、そのまま学校に戻ってきて自分の卒業した女子高の先生になっているという、三十歳くらいの一筋な方だったんです。その先生に「死ぬ役なんです」と言ったら、「あ、そう? じゃ、死んできなさい」とおっしゃるんですよ(笑)。古文の先生でしたが、いつも世俗的でない古文の世界に生きているような方なので、幸運にもうまくいったんです。

——そして高三の夏休み、『旅の重さ』の撮影には何日間ぐらい行ってたんですか。

撮影全体は二か月をまたぐくらいだったと思いますが、私は四国ロケに二週間ぐらいいいたんじゃない

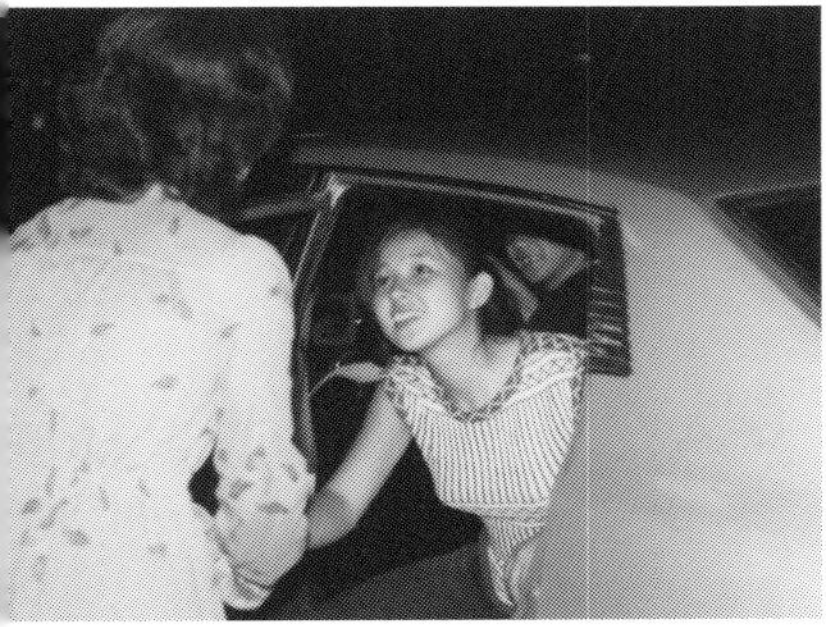
『家庭の秘密』ロケ時のスナップ。

かな。出番は三シーンぐらいで本当は一日くらいで撮れちゃう分量なのに。その時、東京で待ち合わせて、私を四国まで引率してくれたのが松竹の上村（力）さんというプロデューサーなんです。事務所に入っていなかったので、その上村さんは私の面倒を見つつ、現場に行くということだったんです。ところが道中、私の横顔を見ながら、上村さんが「君みたいな人が芸能界の仕事に携わるのは、僕は賛成しない」みたいなことをおっしゃるんです。ひとりごとみたいに。

――そんなに秋吉さんがふわふわと心もとなく見えたのでしょうか（笑）。

「何言ってんだろう、この人」と思ったの。だけど、やっと今の年齢になって彼の気持ちが察せられます。よほど暮らしが貧しかったり、よほど性格が屈折してたり、よほどエンターテイナーになりたかったりする人が、どんな目に遭っても芸能に執着して生き抜いていくっていうぐらいじゃないと、この世界は無理だと言うことだったんでしょうね。何だかあまりにのほほんとしてるんで、いいのかなと感じたのでしょう。何か私に悟らせようとしてたのかな、と思いますね。

――けれども初めて経験する映画撮影の現場はとても楽しかったんですね。

四国に着くと、みんなは仕事してるのに自分だけスタッフのペットみたいにかわいがられて。撮影中、田舎の神社の祠でお昼寝したり、ひたすら楽しい毎日でした。私のところは三日おきぐらいに撮ってたんじゃないかな。朝ご飯食べて、ロケバスに一緒に乗って。スケジュール表も渡されてなくて好きなときに呼ばれるんです。それまではみんなとしゃべったり、お昼寝したり、好きなことをして、小鳥のようについて歩く（笑）。実は地元ではモテモテで男の子慣れしてるから、撮影部、照明部のおじちゃんたちにもかわいがられて、あのアングルを切る……なんでしたっけ……。

――ああ、アングル・ファインダーですか。

おじちゃんが「これでのぞくと体の中が全部透けて見えちゃうんだよ～」なんてからかうのを「えー」って驚いてみせる。

――困ったおじちゃんだ（笑）。

そんなことで十代の女の子が「本当に？」なんて聞いたりするから、かわいがられるに決まってる。あの時のスタッフが覚えていたら、秋吉久美子っていうものはもう別人でしょうね。ものすごく気を遣ってる自分がいて、ちょっと疲れたなって思うくらいでした。

――いや秋吉さんは本当に気を遣いますよね。恐縮するくらいに。しかしこれ、初めて映画撮ってる現場っていうのに行ったというのに緊張もなかったんですね。

なかった。あ、こんなものかって感じですね（笑）。脚本を読んだ瞬間に全てよくわかったつもりだったので、自殺する少女の役を演ずることについては余裕綽々だった（笑）。

――それは凄い（笑）。ヒロインを演じた高橋洋子さんのことはどう思ったのですか。

高橋さんも私もなんですけど、あの時代の女優さんたちって、どんなに見た目が親しみやすいタイプでも、ある種、70sの気鋭の気風を持っていたと思うんです。たとえばこの前亡くなった京マチ子さんや八千草薫さんみたいにその前の撮影所のスタアだった世代の女優さんとは、私たちの世代はもう風が違ってたと思うんですよ。

――『旅の重さ』は出来上がって公開された時は観たのですか。

観なかったんです。それよりも、学校にばれないようにする裏工作をやってました（笑）。

――でも公開されて周りに観た人っていないんですか。

いっぱいいますよ。噂が噂を呼んで、みんな観てたみたいなんですけど、私だけ観てなかったの。

『家庭の秘密』ロケ時のスナップ。

――でも、そこは無難に切り抜けたわけですね。

アメリカンスクールだったら、映画に出たことが学校で発表されて、みんなでそれを誇りに思いましょう、みたいなことになるのでしょうけど、日本の社会って何かちょっとさじ加減間違うと、退学にでもなったりしますからね。それでは公務員の父も泣くだろうと思いましたから、そこは慎重に気配を消してました（笑）。

――でもこうして地元ではモテモテで、こっそり映画にも出演して、絶好調のヒロインだった秋吉さんが、浪人という想定外の挫折をしてしまうわけですね。

カッコわるいことに滑り止めまで全部落っこちたんです。もっとも『旅の重さ』から帰ってきた後、ただふわふわ過ごしてたんじゃなくて、私は当時受験を控えた男の子たちのアイドルだったので、みんなから会いたい会いたいと言われて、一日に三つも四つも時間を区切ってはお話相手になってあげていました。受験生への福利厚生です（笑）。

――モテモテもいいところですね（笑）。

う～ん。ちょうど世の中が連合赤軍のリンチ事件やあさま山荘事件で騒然となっている頃だった。当時は今のライブくらいの感覚で問題意識のある高校生の集まる集会というのがあって、そのムードのなかで私はちょっとジャンヌ・ダルク的な人気者だったんですよ。そこで私がみんなに主張していたのは、あの人たちなりの正義で突き進んだ結果を見るべきだ、私たちが社会に出た時にはたしてああいう考え方で誰かを救えるのか、みたいなことだったんです。私がこういうスピーチをするとファンができて、「あなたと話したい」「あなたが必要だ」と手紙をもらったり。それで男子たちは私の話を

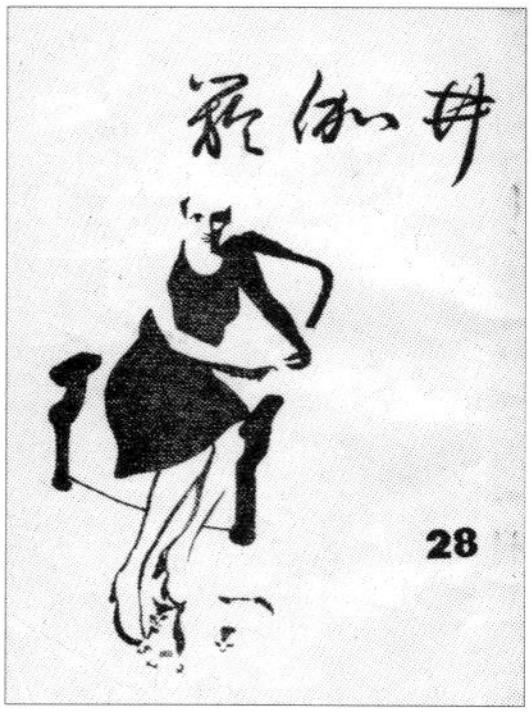

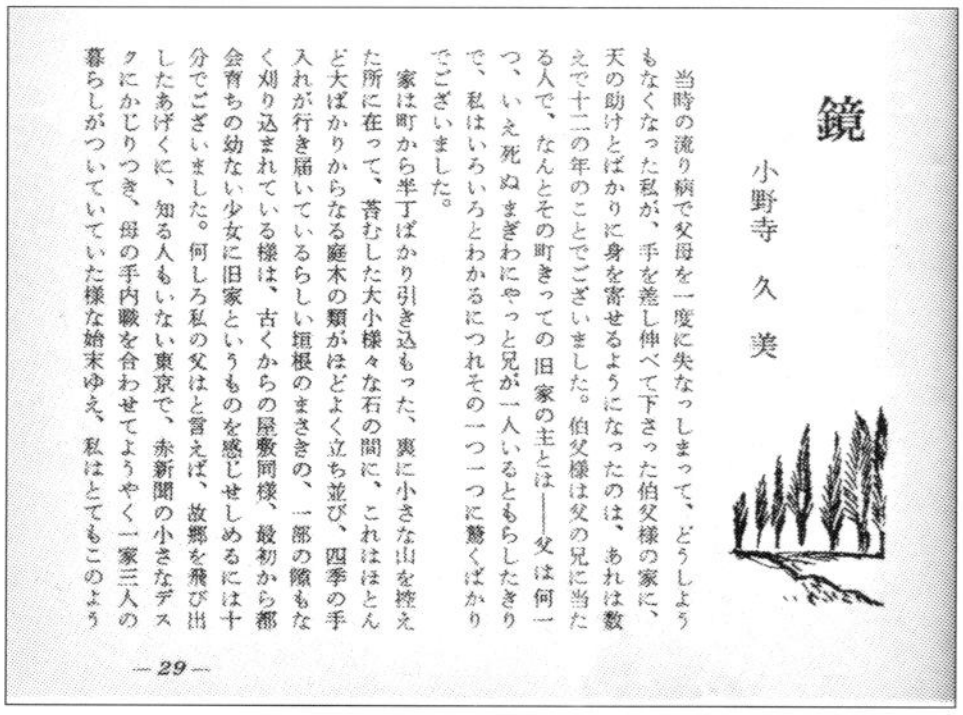

鏡

小野寺　久美

当時の流り病で父母を一度に失なっしまって、どうしようもなくなった私が、手を差し伸べて下さった伯父様の家に、天の助けとばかりに身を寄せるようになったのは、あれは数えで十二の年のことでございました。伯父様は父の兄に当たる人で、なんとその町きっての旧家の主とは――父は何一つ、いえ死ぬまぎわにやっと兄が一人いるともらしたきりで、私はいろいろとわかるにつれその一つ一つに驚くばかりでございました。

家は町から半丁ばかり引き込もった、裏に小さな山を控えた所に在って、苔むした大小様々な石の間に、これはほとんど大ばかりからなる庭木の類がほどよく立ち並び、四季の手入れが行き届いているらしい垣根のまさきの、一部の隙もなく刈り込まれている様は、古くからの屋敷同様、最初から都会育ちの幼ない少女に旧家というものを感じせしめるには十分でございました。何しろ私の父はと言えば、故郷を飛び出したあげくに、知る人もいない東京で、赤新聞の小さなデスクにかじりつき、母の手内職を合わせてようやく一家三人の暮らしがついていていた様な始末ゆえ、私はとてもこのよう

―29―

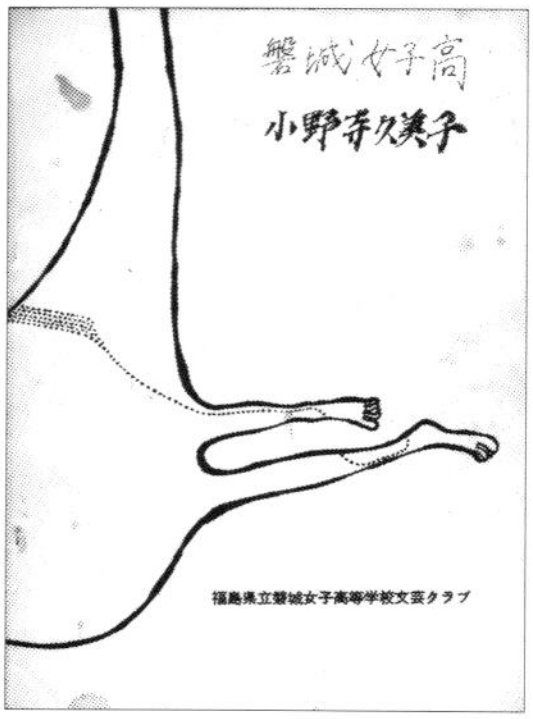

左上：磐城女子高文芸クラブ文集「閼伽井」。
左中：当時の署名。
左下：文芸クラブの部長だった。
右上：創作小説「鏡」。ペンネームは小野寺久美。
右下：創作小説「冷たい砂」。

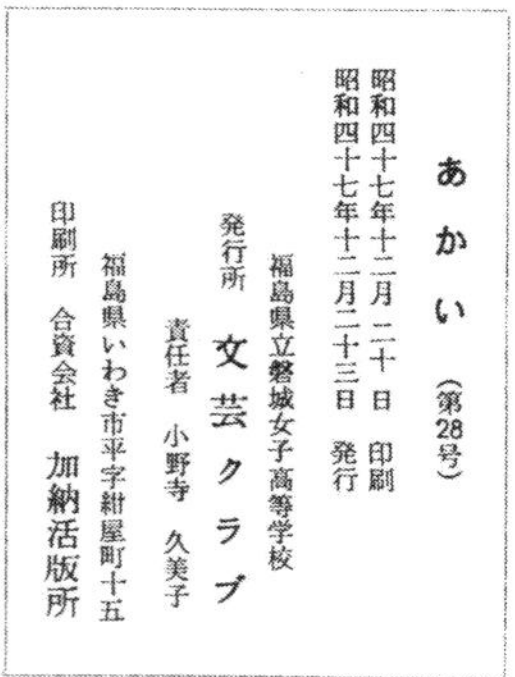

あかい（第28号）

昭和四十七年十二月二十日　印刷
昭和四十七年十二月二十三日　発行

福島県立磐城女子高等学校
発行所　文芸クラブ
責任者　小野寺　久美子

福島県いわき市平字紺屋町十五
印刷所　合資会社　加納活版所

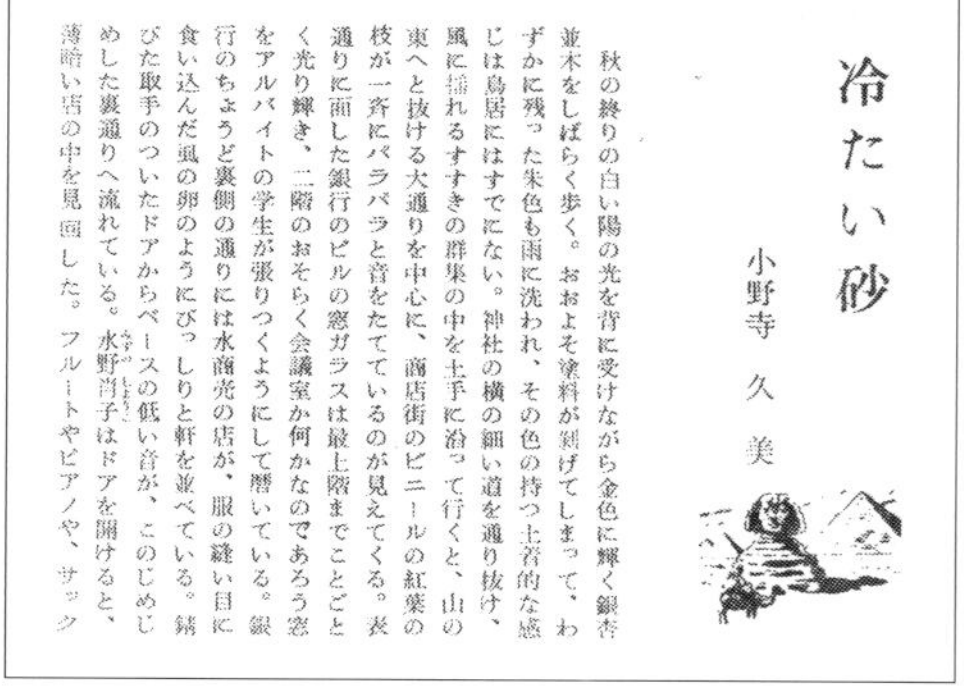

冷たい砂

小野寺　久美

秋の終りの白い陽の光を背に受けながら金色に輝く銀杏並木をしばらく歩く。おおよそ塗料が剥げてしまって、わずかに残った朱色も雨に洗われ、その色の持つ土着的な感じは鳥居にはすでにない。神社の横の細い道を通り抜け、風に揺れるすすきの群集の中を土手に沿って行くと、山の東へと抜ける大通りを中心に、商店街のビニールの紅葉の枝が一斉にパラパラと音をたてているのが見えてくる。表通りに面した銀行のビルの窓ガラスは最上階までことごとく光り輝き、二階のおそらく会議室か何かなのであろう窓をアルバイトの学生が張りつくようにして磨いている。銀行のちょうど裏側の通りには水商売の店が、服の縫い目に食い込んだ虱の卵のようにびっしりと軒を並べている。錆びた取手のついたドアからベースの低い音が、このじめじめした裏通りへ流れている。水野尚子はドアを開けると、薄暗い店の中を見回した。フルートやピアノや、サック

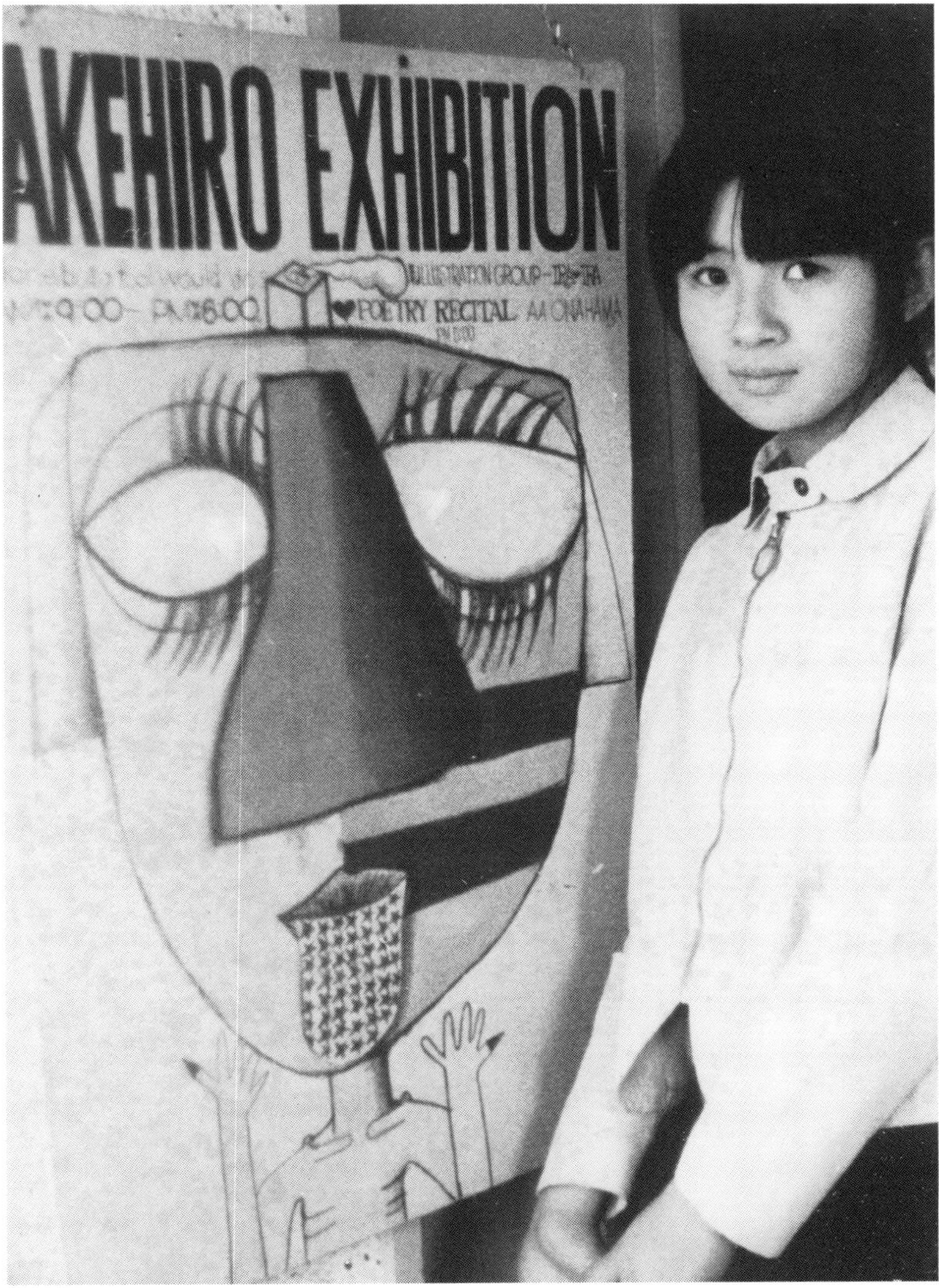

福島県立磐城女子高時代。

聞いて、すっきり安心して勉強に励んで大学に受かり、私は落ちたわけです（笑）。これはもう大変な屈辱でした。

――でも大学を落ちなかったら、女優秋吉久美子はもしかしたら存在しなかったかもしれません。また受験して凄い企業人になってたかもしれないですけど（笑）。

それは無いですが（笑）、女優にならないほうがいいような性格なんじゃないのかな、とは思いますけどね。あの頃の男子の進学校はけっこう特殊で、明治以来の旧制高校のような気風を継いでいて、校則なんか気にしない感じもあった。そういうかつての高校生たちと再会すると、「なんで『赤ちょうちん』で脱いだんだ」みたいなことを屈託なく聞いてくるんです。それで「脱いだら、みんなが喜ぶと思ったから」と言ったら、「本気でそんなこと思ってたのか」とみんながあきれるので「え？　だって喜んだでしょう」と返したり（笑）。

――なかなかいい会話ですね（笑）。

芸名誕生秘話と内田ゆきとの出会い

――ところで『旅の重さ』は早くも芸名の「秋吉久美子」でクレジットされていますが、実は学校への対応で芸名が必要になるかもしれないからという理由だったんですね。

本当にとぼけた経緯なんですが、その松竹の上村プロデューサーと、出演されていた三國連太郎さんのマネージャーの秋吉さんと、もうひとりお名前を失念した方がいらして、この三人のうちから苗字を決めようってことになったのですが、「（本名の久美子を足して）秋吉久美子がきれいだな」と思って、「じゃあ、秋吉にします」となったんです。意外にそんなもので、ひょっとすると「上村久美子」にな

フジテレビ男と女のミステリー
『イスタンブール 黒いヴェールの女』（'90）
トルコロケにて。内田ゆき（左）と。

っていた可能性もあります（笑）。

――いや、「秋吉久美子」が圧倒的にいいですね。何か抜き差しならないものがあります（笑）。

その後、マネージャーになる内田ゆきと出会った時にも、「秋吉久美子、あらいいじゃない」ってそのまま芸名になったんですね。ところが、最初の連続テレビドラマ『愛子』に出た時の私の役名が山科桜子だったの。それで、私はそれが気に入って山科桜子という芸名にしたいと内田に言ったんですよ。そうしたら、「ちゃんとこの役ができたら山科桜子にしてあげる」と言われたものの、そのままになりました（笑）。

――女優・秋吉久美子の「発見者」「発掘者」であり、以後マネージャーとして秋吉さんに伴走し続けた内田ゆきさんは、その強烈な個性で業界内でも知られた方でしたが、内田さんとはどういう出会い方だったんですか。

内田ゆきさんのご主人の脚本家・内田栄一さんが主宰しているアングラ劇団の「はみだし劇場」の公演が地元に来たんです。するとこれがまた、大学を落ちた私を見ていたエスパーの妹が「お芝居でも見に行けば」とお告げをするわけです（笑）。それで全く気にもとめていなかった「はみだし劇場」を観に行ったら、たまたま隣の席に内田が座っていたんです。そして「このへんにホテルないかしら」って言うから、「ビジネスホテルの新しいのできましたよ、駅前に」とかしゃべってたんですよ。そうしているうちに鄙《ひな》には稀なかわいい子ね、みたいなことを言い出して「東京に出てくれれば。コマーシャルくらいだったら出られるかもよ」とか誘ってきたんです（笑）。

――それはまた運命ですね。さらにどんな会話をしたのか覚えていますか。

覚えてますすよ。そもそも彼女がマネージャーだなんて思ってなかったんですよ。

内田も自分がそういう仕事をしているとは言わなかった。「東京には来たことあるの?」「去年行きましたよ」みたいな会話のなかで『旅の重さ』に出たことも話したら、「なるほどね」という感じになって。そして「本当にコマーシャルぐらいだったらあるわよ」の言葉どおりに、それから東京に出て二週間後には「赤福餅」のコマーシャルをやっていたんです。

――それはまたずいぶん速い展開ですね。

次の月からは、いろいろとドラマにも出始めました。フジテレビの、井上ひさしさん原作、テレビマンユニオン制作『ボクのしあわせ』は石坂浩二さん主演で、宮本信子さんが長女、夏木マリさんが次女、私が三女という姉妹がカフェをやっていて、そこにいろんな男の人たちが遊びに来るという話。そしてTBSのポーラテレビ小説で、佐藤愛子さんの自伝の『愛子』。主人公がややエス的にかわいがっている下級生の山科桜子役でした。こういうドラマをやりながら、『十六歳の戦争』の撮影に突入したんですよ。

――しかし、これだけ順調だと「発掘者」の内田さんもびっくりだったのではないでしょうか。秋吉さんがどれだけインパクトがあったかということですね。

あっという間に芸能人生に突入しました。例えば深夜零時にドラマの収録が終わると、そのまま車の中で寝ながら愛知の豊川まで行って、朝九時から映画の撮影が始まる……というようなスケジュールが、七三年の七月ぐらいから始まってしまうんです。

――内田ゆきさんと出会ったのはまだ春のことですよね。

四月くらいですね。大学落ちて予備校に行って、ひと月経ったかどうかくらいの時に、ちょっとこの状況はいやだなと思ったわけですから。しかも、東京だったらそんなことないんでしょうけども、田舎では予備校は進学校の救済事業なので三年間高校で着古した制服を着なければいけなかったんです

CMの海外ロケにて。内田ゆきと。

（笑）。

——それは秋吉さんの美学から言うとあり得ない罰ゲームですね（笑）。

私は高校時代、けっこうヒロインとして生きてたはずでした。高校三年間を自由気ままに。言わば青春の顔パス時代。毎日好きなように生きているのに、何もとがめられることなく、むしろ先生からの愛情も授かって、何かこう全ていい感じだったんですよ。ところが大学に落ちると世論も一転、「あんなふうにやってると、君らもああなるよ」に変わりまして（笑）。そしてさらに、テカテカの制服を着て予備校に通うという罰ゲームが……。

——市中引き回しみたいなもんですね（笑）。

そうです。誰も見てるわけじゃないんですけどね。しかも私と交遊のあった男子たちは皆大学へ。私一人だけ落ちてるんですよ。これはかっこ悪いなと授業サボって、城跡の公園でベンチに寝転がったりして落ち込んでた時に、妹が「ちょっとお芝居でも観に行ったら」と言うので、うちからバスで三つ先の停留所あたりにテントを立てて、花園神社の唐十郎さんみたいなアングラ芝居に行ったというわけです。

——そんなアングラ芝居を観て、共感はされたんですか？

お芝居そのものはちょっと狂気の沙汰だなと思いました。そういう嗜好性はいまだに変わらないんです。「元祖プッツン」とか「元祖新人類」とか言われたりもしますが、私は生来客観的でクールなところがある。良いのか悪いのか。「元祖シラケ派」という言い方なら甘んじて受けますけれど。

——では、当時やや季節外れのアングラを必死でやっていた「はみだし劇場」も、ちょっと引いた距離で観ていたんですね。

何でこんなことしてるんだろうみたいな感覚ですね。人間って個人の狂気じみた本能を抑え込んで、お互いの安全を確かめ合いながら社会生活を共有するルールがある。でもたまにそういう自分の乾いてる部分、抑圧してる部分の解放が必要なんです。そのカタルシスをお芝居に求めたり、映画に求めたり、小説に求めたりする。それって、ある意味狂気の沙汰を垣間見ることですよね。まかり間違うと、引きこもりのおじさんが子どもたちを殺したり、自分の家族を殺したりというおぞましいことになりかねない、みんなの閉塞感を解放してあげることが芸術の表現とも言える。からだに新聞紙まきつけて走り回る「はみだし劇場」を観ながら思いました。

——どれだけ客観的なんでしょう（笑）。

付け加えれば、役者がみんなワーッ、ワーッと叫ぶのはなぜなんだろうって（笑）。

——いや、実は今ひじょうに得心がいったのですが、巷間の秋吉伝説にあっては「はみだし劇場」に感銘受けて上京に至る、みたいな解釈がされている気がするんです。でも秋吉さんはそういうタイプじゃないはずなんだけどなあと常々思っていまして。

まるでそういうタイプではないですよね。「元祖シラケ派」ですから。「はみだし劇場」も俳優はちょっとどうかしてる人もいたかもしれないけれど（笑）、作者側の内田栄一さんからして、今思うとそんなに変じゃなかった。内田ゆきさんだけがむしろ「はみだし劇場」だったんじゃないかな（笑）。

——演出や脚本といった作り手の側は客観性がないとできませんからね。

実はアイドル的な忙しさで女優の仕事もやりながら、私は休みの日には「はみだし劇場」の受付に座ったりもしていました（笑）。もちろんバイトではない、部活的に。

——それめちゃくちゃ面白いですね。あの当時のメジャーな人気に火が付いた秋吉さんがいきなり受付にいるというのは。

CM撮影のロケセットにて。

それと同じような感覚で新人としてテレビ局にも行って、「赤福餅」のCM撮りにも行ってたんです。それって今の私とほぼ同じです。例えば、バラエティに呼ばれたりした時に、もちろんバラエティの仕掛けそのものに対して、「ここはジョークで終わらせないで、もうちょっと深めればいいのにな」とか、もちろんそんなことも考えるんですが、同時にいろいろな発見があって感心して帰って来たりするんです。あの芸人さん、あれだけ面白くて舌鋒鋭いようでいて、全く他者を傷つけるようなことも自分の意見も言ってないなあと驚きながら、ひな壇でじっとその人を観察していたりとか（笑）。そういう発見なり発掘を求めて、割とフットワーク軽く出かけてみたりするんです。

――そういう好奇心というか、発見や発掘にそそられる気持ちというのは女優業の原動力でもあるんですよね。

大いにあると思いますね。今その発掘で思い出したんですが、私、化石掘りに夢中だった時がある。よく心が折れて癒されるために山に行くとか、何かを断ち切るために山に登るとかありますが、私の場合はもともと人と人を比べる発想がなかったので、そういうモヤモヤは全くなく、ただ楽しくて、中学生くらいまで山で一人で遊んでいた。化石掘りは最高でした。ある時、私があまりに頻繁に化石掘りに行くので、ちょっと幼いところのある父がどんなに楽しいんだろうと一緒について来たんですよ。そうしたら、真冬に一日じゅう崖に向かってずっと掘ってるだけだから、寒いわつまんないわで父は飽きちゃって先に帰っちゃったんです（笑）。

――秋吉さんは極めて機嫌よく掘っていたんでしょうね（笑）。

うん、夢中になれる。釣りもしてました。ひとりで釣りざおを持って一日じゅう山の中のため池で釣りをして、ざるを持って真っ暗になるまで川のなかにいて魚をつかまえたり……。真っ暗だから滑って転んで、いまだに傷跡があるんですけどね。そういう時、最高に自分の中に充実感があって、これは蝦夷の先祖返りかなとも思います。

――秋吉さんの発想や行動は時として自然児的なおおらかさやストレートさがありますが、本当に自然児だったんですね。

何かそういう時、もの凄く楽しくて、充実感があるんですよ。人間の社会って口さがない足の引っ張り合いだったりするでしょう。芸能界の場合、さらにそれが小さいグループでの村八分レベルから、メディアとしての攻撃になったりする。けれど、自分としては山や川やそういうところで遊んだ記憶があるから、何かそういう世俗的なものを大局的に、異質なものとして見られるところがある気がするんです。自分の心の中にそういう場所があるので、人対人のことで無用の不安や悩みを感ずることが一切ないんですよ。むしろ、何かきっともっと面白いことがあるという方向に考えちゃうので。こういう性分を、どう言ったらいいんでしょうね。

――天真爛漫、でしょうか（笑）。

ああ、天真爛漫。いいですね。でもこういう私の気ままな行状をゆとりをもって眺めて、天真爛漫と理解してくれる人っているのでしょうか？（笑）

内田ゆきの愛憎が秋吉を創った

――秋吉さんは今も昔も天真爛漫に、自分のペースで化石掘りを続行しているわけですね（笑）。そういうポジティブな自然児の秋吉さんに対して、内田ゆきさんはどんなタイプの方だったのでしょう。

あれはもうヤマタノオロチですね（笑）。でもあの人がいなければ、「秋吉久美子」は存在していなか

テレビ朝日『花も嵐も踏み越えて 女優田中絹代の生涯』（'84）
ベネチアロケにて。内田ゆき（左から二人目）と。

ったと言いきれます。あの人の、あの怨念とか執着がなければ。

――怨念？

彼女も岩のなかに何かを掘っていた。自分が女性として恵まれなかったことへの怨念を全てぶつけて、ロダンが石から作品を彫り出すように、私という石に一所懸命ノミを振るっていたんじゃないでしょうか。そこでのせめぎ合いは本当に凄かった。常に彼女との間は阿鼻叫喚状態でしたね。いい意味でも悪い意味でも、私みたいな天真爛漫な子を「商品」としてさまになるように仕向けるわけです。彼女がカンフーをやっても相当うまかったんじゃないかな（笑）と思うくらい、いろいろなテクニックを動員して。例えば当時の映画を見ると、なにしろベトナム戦争とヒッピーとフェミニズムの時代だから、イケてる女性はノーブラなんですよ。そして確か『愛子』の現場に、アンテナ高い劇団の女優がいて、Tシャツにノーブラだったんです。なんてかっこいいんだ、私もやろうって（笑）。でも今考えると、それはペチャパイだからかっこいいのであって、私がやるとただグラマラスで、誘惑してるみたいだったでしょうね。しかも本人はそれをわかっていない。そういう時、私をセクシーな「商品」としても売りたい内田はしめしめって思ってたはずなんです。

――ノーブラをめぐる解釈の相違があった（笑）。

その頃、私はＮＨＫの『天下堂々』で武家の娘の役を演っていたんですが、三指ついてお辞儀をするシーンがあって、何度も何度もリハーサルをやるんです。その時、正面にディレクターがいたんですが、内田いわく「あれはノーブラだから何度もリハーサルを繰り返したんだ」。私からすると「何言ってるんだろう」って感じなんですが、彼女は常にそういう目線でした。私という個体にのり移って、女子力をいかに高めるか、ということばかり考えて

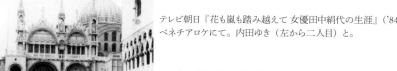

いる。私は、あの劇中の少年とシンクロするアニメのロボットみたいなものですよ。

――エヴァンゲリオンですか。

そう。私は彼女のエヴァンゲリオンだったんです。うまくシンクロしてる時はいいんですが、時々彼女の嫉妬心がムラムラッと湧くんですね。

――嫉妬とはいったい？

私に対する嫉妬です。自分が磨いて、自分が妖艶な作品を選んで、自分が妖艶に仕立てて、自分が秋吉にやらせてるのに、何で秋吉がセクシーな女性の代表になってるんだって思うと、イライラしちゃうらしくて。

――めちゃくちゃ複雑ですね、その愛憎は（笑）。

いえもう本当に愛憎がすごくて、メディア用にあえて私が不細工に写ってる写真を選んだりするんですよ（笑）。自分が作り上げた作品なんだけど、誰よりもそれが憎らしい。けれど、内田は私がいないと生きてけない。なぜならば、私が内田だから……みたいなややこしいことになっていた。おかげさまで『華岡青洲の妻』の手ごわいお母さん役も今だったらできるかなと思いますよ。それに、いつまでもグラビアアイドルみたいに脱がせ続けられたので、「もういいでしょう」と内田に言うと泣くんですよ。

――泣く?!

「クミコちゃんたら、みんなたいしたことない体で、それでも脱いでるのに、何できれいなあなたが脱がないの」って言って泣いたりするんですよ。「私、悔しいの」とか言って。どこまで本当か、本当に悔しいのか、あるいは泣きついて私を脱がせて、男性が魅了されるのを楽しみにしているのか、何から何まで全部わからなかった。

――それは凄いですね。ちなみに秋吉さんと最初に出会ったときの内田さんって、いくつぐらいなんで

TBSドラマ『家庭の秘密』（'75）ロケ時のスナップ。

すか。

二十三歳ぐらい上だったので、四十一、二ですね。

――それって自分がかなえられなかったものを娘に託して、一心同体になって娘をコントロールしようってする毒母のパターンにも見えますね。

娘が結婚を決めてきて幸せになろうとすると、その縁談を壊すくらいの感じ。そう言えば、ある時私が相手役の演技に不満で、あの人の演技のリズム感が合わないので自分の演技ができない、なぜあんな間延びした演技を監督がコントロールしないんだろう、と不満を並べていたら、「だったらあなたが要らないいんじゃないの」と、しらじらしく憎らしいこと言うんですよね（笑）。

――でも、あんなに絶好調だった秋吉さんとしては、もうさすがに内田さんとは袂《たもと》を分かつみたいなことにはならなかったんですか。

いや、しょっちゅうですよ。毎日です。だけど、泣くから。「クミコちゃん、ひどい」って（笑）。だから、「はあ」みたいな。

――ある種それは魔性ですね（笑）。自分より二十歳以上若い子の前でそんなにおいおい泣けませんよね。かなりエキセントリックとも言えますね。

だから、おかしいんです（笑）。でも、そういう毒も薬になるということなのか、山と川でピュアに遊んでた無色の私の中に、そういう奇妙なシアンの毒性が入ったことによってただ天真爛漫じゃない、人としての深みが出たということもあるでしょう。

――巷間の秋吉伝説だと、秋吉さんという猛獣を内田ゆきという猛獣使いがコントロールしていたという印象が強かったと思うんですが、逆ですよね。むしろ秋吉さんが内田ゆきというやっかいな猛獣を背負いこんでる感じです。

背負いこんでましたね。でも、私の中にもやっぱり共依存の部分があったんです。だから、泣かれると九八％嫌だと思っても、二％のやっぱり共依存体質でまた元に戻っちゃう。

――そこはひじょうに興味深いですね。秋吉さんは対外的にはドSの印象がありますが、ご自分は案外ドM的な資質なのではと（笑）。

そこはそうかもしれない。言葉をかえると、自分に対してドSなのかも？　それと、内田はマイナスの部分も多かったけど、私にこんな面はないな、こんな視点はないなと感心することも多かった。彼女は弱視で、コンタクトを入れて、さらに厚底の牛乳瓶のような眼鏡をかけていた。しかもバセドウ病も患っていた。それなのに週に何冊も企画のために本を読み漁《あさ》ってましたよ。映画会社やテレビ局の企画部並みに本を読んでいた。そこはまた一種狂気の沙汰なんですが、そういうことへの情熱の傾けかたは凄かった。

――私生活への干渉も凄そうですね。これは踏み込んだ話になってしまいますが、最初にご結婚される時などは大変だったのではないですか。

そのときも、内田は「結婚はしないで」ってもちろん言ってました。でも私はそうやって彼女が操りやすい状況に持っていかれるのが嫌だから、意地でも結婚するぞみたいな気持ちになりました。そうやって、彼女との葛藤の中で、彼女が理想のタレント、理想の自分の分身を作ろうとしていることに対しての、反逆みたいなことで私が出来ていった部分もあるわけです。絶対反対のことをして、損をしてやろうみたいな、そういう彼女に対する反抗もありました。

――そのやっかいな状況は一般的な感覚では問題があるわけですが、女優というお仕事のこやしになった部分もあるのではないですか。

『家庭の秘密』ロケ時のスナップ。

まあそんな彼女と二人だけの葛藤の中で外部が見えなくなっていたから、幼さも保たれ、ある魅力も保たれたとは思います。でも、人間的に成長したかと言うとそうでもなくて、ひたすら自分の素材力という貯金を切り崩して生きてたようなところがあった。ある意味人間としての成長のチャンスが失われた内田との二十年間だったかもしれない。そんなふうだったので、ある時冷静に「本当になぜ私のマネージャーをやっているの。もうそろそろ嫌でしょう」と水を向けると、「だってクミコちゃんたら、私が想像した以上によくやってくれるんだもの」ってニコニコする(笑)。

――そもそも内田さんは、どういう経緯で芸能プロをやり出したのでしょう。

パートナーの内田栄一さんが日テレの『ダイヤル110番』やTBSの『七人の刑事』の脚本を書いていたことがあって、まだ局のほうにもそういう斬新な気風があった。その頃の内田栄一さんはアングラでもあったけども、メジャーな部分もあったわけです。そんなまだテレビ局の組織のサイズが小さかった頃に、内田ゆきも局を闊歩していたんですね。そして、みんなで部活のように企画を考えたりしていて、ある時などはエキセントリックな内田ゆきが言ったアイディアがとおって、TBSのキャッチコピーになったり、それをテレビで流したり。そういう時代だった。よく言えばモンマルトルやイースト・ヴィレッジみたいに作り手が知り合いで寄り合っているような時代に、彼女はそのなかの一人だった。当時はNHKでも和田勉さんや早坂暁さんや深町幸男さんらがみんなが一つの面になって、泣いたり叫んだり、必死になって企画を考えたり、人もメディアも青春だったと思われます。

――内田さんはそういういろいろな才能が去来するテレビ局草創期のフレッシュな息吹きのなかで出てきたひとなんですね。

FUJICOLOR

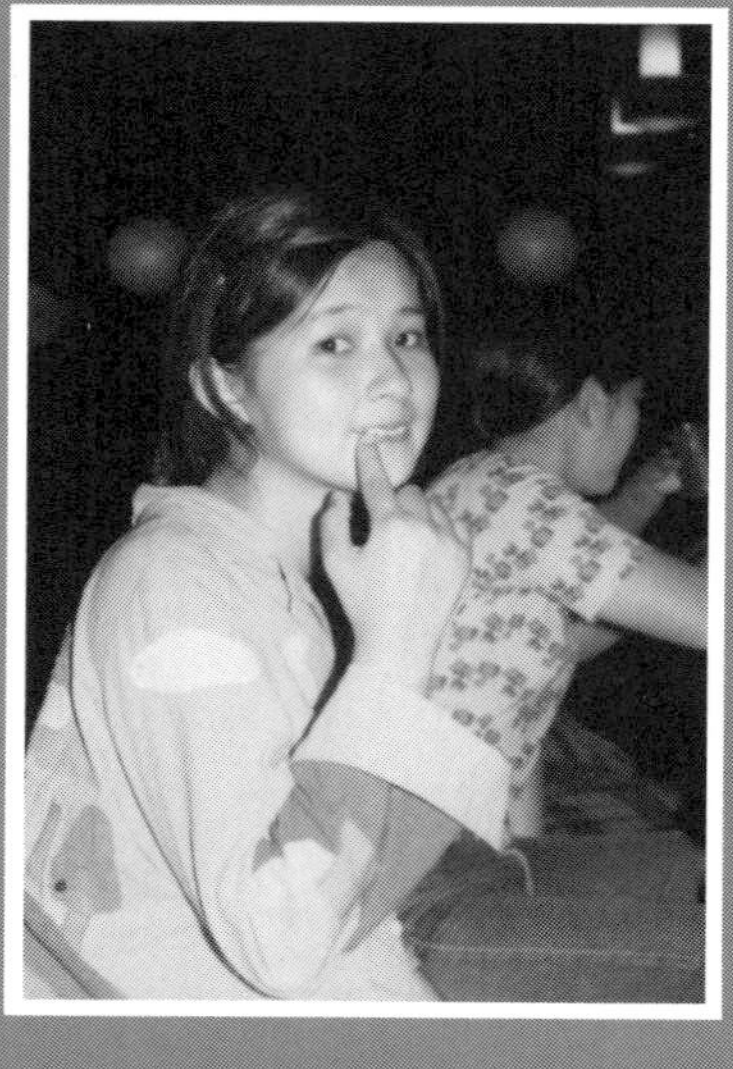

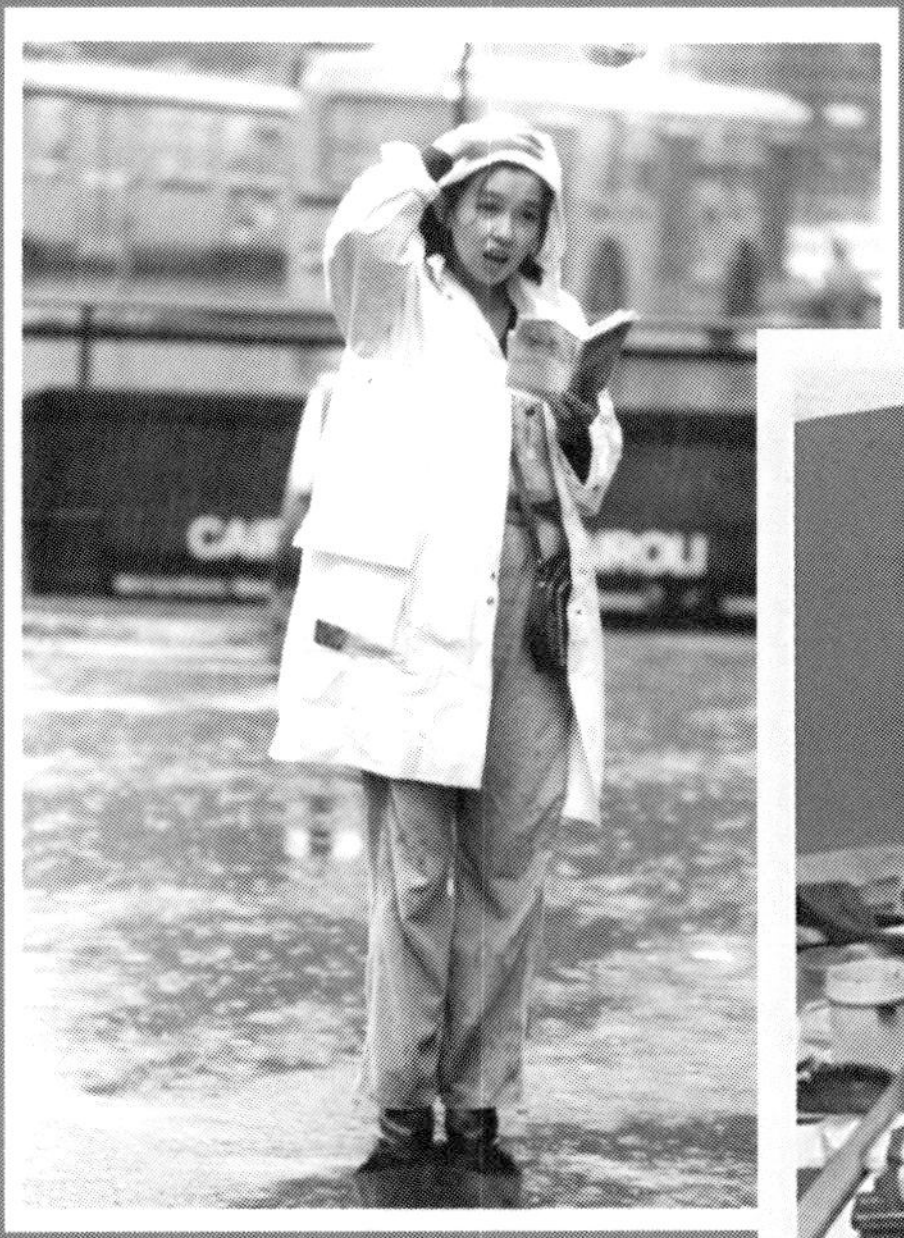

SEP . 75 . 20

その中で彼女は彼女なりのポジションがあって、十人から二十人くらいのNHKの脇役さんたちのマネジメントをしながら、自分の趣味として自分を投影できるスタイリッシュな女優を育てようとしていたんですね。そのうちに私に手応えがあったので、『十六歳の戦争』が終わった時点で、その脇役さんたちのマネジメントもやめて、内田ゆき事務所として私とマンツーマンになるんです。

――そして二十年の阿鼻叫喚の時代となるわけですが、結局内田さんのもとを離れたのはいつなんでしょう。

私が四十歳のときに『深い河』を最後に別れるんです。内田はそこまで仕切りました。女として時々ちくちくといろんな嫌味を言ったり、過度に女性的な部分が出ちゃったり、いろんなことはあったけれど、時々ちゃんとしてる時もあって、この節目にきっぱりと別れましたね。

――しかし二十年は長いですね。

はい。長いです。「別れたい」と言うたびに泣くから。そうすると、一人ぼっちなのかなとも思って（笑）。私のために芸能界からいじめられてるのかな、かわいそうだなと同情もしたり。でも、もしかしたら、内田のために私がいじめられてたのかもしれませんね（笑）。

『十六歳の戦争』で意識覚醒

――内田ゆきさんと知り合った後に、斎藤耕一監督の『花心中』という映画にあれっ？　というかたちでちょっとだけ顔を出していますね。

その話はすごく面白くて、私は映る準備も何もなかったの。たまたま東京に出てきたので、大船撮影所に遊びに行ったんですよ。『旅の重さ』の時にアフレコで来たこともあったので、大船に電車に乗っ

映画『十六歳の戦争』初公開時のチラシ。「妖精」「輝く裸身」の惹句。

てくてく遊びに行ったんです。たぶんプロデューサーの上村さんに会いにいったんでしょうね。すると『旅の重さ』の斎藤耕一監督が映画撮ってるよと言われて、スタジオ行ったんですよ。そうしたら「ヒッピーたちの一人として出る？」って言われたんです。それで衣装部に行って、自分の着る服をああでもないこうでもないとアレンジして探して、そのまま映っちゃったのが、あのしまってない顔の（笑）『花心中』なんです。『旅の重さ』のあの自殺する文学少女の役も顔に緊張感がないんですが、『花心中』もその続きでしたね。

――まさにそんな感じですよね（笑）。まさか秋吉さん出てるとは全く思わないで観てて、「あれ？」みたいな感じでした。

メイクも何もそこそこに、ただそのまんま映っちゃってるだけなんですよ。ギャラもあったんだかなかったんだか忘れちゃいましたけど、その後で内田（ゆき）はカンカンでした。私なりに戦略があるのに、大船に遊びに行って勝手に映って帰ってくるとはなんて勝手なことを、と。二度とやらないようにと叱られました。まあ内田が正しいんですが（笑）。

――まあ普通そうです（笑）。

実際、内田は凄くエキセントリックなんだけど、私より常識があって、やけに世間のことを知ってるところもあったんです。でも『旅の重さ』のスタッフから「クミちゃん、大船にも遊びにおいでよ」なんて言われたら、本当は田舎者なんだから本気にしちゃうじゃない（爆笑）。

――いやいや秋吉さんらしいです。

そういう社交辞令がいまだにわからないんです。当時も真に受けて大船に行っちゃった。そしたら上村プロデューサーは「賢い子だね」って言うんです。たぶん営業に来たと思ったんでしょうね。でも私は何が何だかわかんない。そして内田からしたらカンカンですよ。

――今や伝説の「赤福餅」のCMに出たのもこの前後ですよね。

「赤福餅」のCMも何か意識のない顔して映ってましたね。恥ずかしい。

――そのCMはついに未見なのですが、どんな内容だったのですか。

伊勢の五十鈴川の橋を、何やらこじゃれた服を着た、『旅の重さ』の時の顔そっくりの意識のない顔をした、タレントにも見えないふわっとした女の子が歩いてる……というCMですよ。本当にこういうコマーシャルでよかったのかという感じの（笑）。

――それはでも見たかったですね。その「意識がない」モードが変わったのは、やはりこの後に撮影が始まる『十六歳の戦争』あたりからですか。

意識が芽生えたのは本当に『十六歳の戦争』からですね。これはやっぱり撮り方が凄かった。むしろインディーズではないパキさん（藤田敏八）のほうが全く演技への注文はゆるくて、注文は「演技するな」だけだったんですけど、『十六歳の戦争』は監督が松本俊夫さんという筋金入りの映像作家だったので、演技するしないの前に、顔の角度はこれぐらいにしてほしいとか、そういう指示が相次ぐんです。今だったらいろいろと機材も撮影技術もありますが、予算の関係もあって映像的なギミックを自前でやらなきゃいけないんですよ。

――それは具体的にはどういうことなんですか。

たとえばカメラが寄っていくなかで、役者も回りながら、最終的にはツーショットになるとか、そのツーショットで二人は同じ方向を向いてたのに、いつの間にか正面向いてる……とか、そういったことを俳優が人力でやるんです（笑）。本当は回転台や特殊な機材が必要なところなのに、自分で回転する

『十六歳の戦争』ポスター。
池袋文芸地下で『妹』と併映時。

んです、こうやって（笑）。

――本当に映画というより映像の技巧を俳優に託されるんですね。

そういうリハーサルに何時間もかけたりするものだから、撮影に二か月もかかっちゃったんです。

――そんなにかかっていたとは意外でした。自主製作なので予算も厳しいなかで……。

そういう意味では、演技の基礎もメソッドもなく自然体の演技でやっていたねと当時言われましたけど、実は『十六歳の戦争』は全部縛りだらけだったんです。「いいねいいねクミちゃん、その調子で自由に」みたいな演出ではなくて（笑）、一挙一動に縛りがあった。

――そんな箸の上げ下ろしレベルの注文があったとは思いませんでした。

縛られてるんだけど、何とかそこを突き抜けないといけないという状態をずっと二か月間。これはもう特訓でしたね。映像的な縛りの中で自然な演技をするというのは、松本俊夫さんの時のどマゾ経験から学習しました。そうでなければ『旅の重さ』の、あのマシュマロみたいな、大福みたいな顔のままでした（笑）。

――秋吉さんの女優開眼のポイントは、みんな藤田敏八監督の〈秋吉久美子三部作〉あたりだと思っているでしょうから、これはとても興味深いお話です。

意識が表に出てない顔から、顔として撮れる顔になったのはやっぱり『十六歳の戦争』からじゃないですか。『十六歳の戦争』ではロバに鞭が入って馬になったという感じでしょうか（笑）。

――ちょうどこの頃、『太陽にほえろ！』で松田優作が初登場した「ジーパン刑事登場！」の回に被害者役でほんの少し秋吉さんが出てきたのに後で気づいて驚きました。

そんな時期ですね。ポーラテレビ小説『愛子』のあたりから顔が変わってきているると思います。

――『十六歳の戦争』というのは、豊川の海軍工廠で終戦間際に学徒動員された女学生たちをはじめ数千もの人々が米軍の爆撃で亡くなった惨事と、七〇年代の今を生きる女学生の夏の日々を夢幻能の様式で結び合わせるという極めて独特な構成なのですが、このシナリオを読んだ時のことは覚えていますか。

大胆で実験的なシナリオでした。高校生で小説を書いていたので、読解力はあったんです（笑）。もちろん演技する側から理解したというだけで、まだ作り手の理解には至っていませんでした。最近になってやっと松本俊夫さんが第二次世界大戦に対して、あの独特な手法で何を訴えたかったのかということもいくぶんわかるようにはなったと思います。でも当時も、『十六歳の戦争』で監督は青春と戦争をオーバーラップしたかたちで伝えたいんだ、そのときに私のようなちょうど媒介になる存在がほしいんだな、ということくらいは理解していました。ところがこの映画は三年くらいお蔵入りになってしまいました。『赤ちょうちん』のほうが先に出て評判をとり、それによって『十六歳の戦争』も出ることになった。それは喜ばしいことだったとは思うんですけども、だけど、松本監督としては不服で、なぜこういう作品を真摯に世に問うているのに、こんなかたちの上映になってしまったのか？　という文章を映画誌に寄稿していましたね。

――全くです。あまつさえ秋吉久美子もかけがえのない青春の裸像を披露しているというのに（笑）。ご本人を前にして申し上げるのもはばかられますが、『十六歳の戦争』の秋吉さんのヌードは本当に美しいという意味で鮮烈でしたね。押切隆世さんはコマーシャルを中心に活躍されたキャメラマンでしたから、手法は実験的でも映像は実に色鮮やかな作品でしたので、秋吉さんのヌードもきちんときれいに撮られていた。『赤ちょうちん』で秋吉さんが一躍注目された後で、こういう秘蔵のヌードが拝めるお蔵入りの作品がある、

デビュー時のプライベート旅行。

ということで『十六歳の戦争』にスポットが当たったのをよく覚えています。松本監督としては不本意な流れだったかもしれませんが、小悪魔的でセクシーなアイコンとしての秋吉さんブームが『十六歳の戦争』を浮上させてくれたのは僥倖だったと思います。おかげさまで私も伝説の『十六歳の戦争』を新宿紀伊國屋ホールで拝見することができました。

日活はかつて石原裕次郎、小林旭、吉永小百合といった大スタアの青春映画を量産していて、七〇年代はロマンポルノ路線に転換したけれども、映画会社の底力があった。でも『十六歳の戦争』は独立プロ作品であるうえに、監督も松本俊夫さんという生粋の、純粋な知性派の映像作家だった。

——だから娯楽性のある青春映画として発信するのが難しかった。

ただその作家的な純粋さというのはとんでもなくて、松本さんは結局映像作家だから、あくまでも映像として真摯に、撮れるものが撮れるまでひたすら臨む。ひたすら純粋に。アーティストのこだわりだと思います。

——それで二か月もかかったんですね。

一か月のはずが倍かかってしまって、私と相手役の下田逸郎さんの出会いと別れが同じ土手の上なんですが、それを順撮りでやっていたものだから、二か月後に土手の草が全部色が変わってしまったんです。脚本上は、ほんの何泊かの間に主人公は長い幻を見てしまったようだ、あれは何だったんだろう、もしかしたら過去を見たのだろうか……という物語の流れでしょう？　それなのに、草が青々としているなかでの夏の別れのはずだったのが、土手の草の色が変わっちゃって、黄色くなっちゃったんですよ。そうしたら監督は制作部に土手を緑に塗れって……（笑）。

――今ならデジタル技術でササッと直すところですね（笑）。

そう。スタッフがペンキ屋に走り、あるだけのペンキを買ってきて土手を塗ったんですけども、そういう時にまたあえて凄い引きの画を撮っちゃうんです（笑）。だから、土手がパッチワークみたいになっちゃったの。

――あれ、そんなことになっていましたっけ。よもやそんな事態になっているとは思わないので、何も違和感なく観ていました。

何から何までアナログで凄かった。当時はそんな松本俊夫さんに対するオマージュがあるのかと言うとそうでもなかったんですが、今の年齢になると監督の映像作家としての情熱に尊敬の念も凄く湧いてきました。なぜならば、私があの十八歳のあの時期に出会って、何か二か月間もわけのわかんないことをやりながら、「この監督大嫌い」というふうにもならなかったのは、きっと松本さんという作家が純粋だったからだなと思うんです。頭のなかで創った能のような世界を実現したいと言っても、能面みたいに目線を動かさずアクションなんかなかなかできないじゃないですか。やらされるほうは何をやっているかもわからないのに、そんな動きを午前中いっぱい練習している。よく考えたら全くおかしな話なんですが、「もう嫌だ」ともならなかったし、「女優としてここで頑張らないと」みたいな気負いもなくて、ごく自然に向き合っていました。そこにはいわゆる映画会社や芸能プロの空気はなくて、たとえば撮影の押切さんもずっとコマーシャルを撮りながらいつか映画をやりたいと燃えていたんだと思うんですよ。そういう純粋なヴァイブレーションがあると、私は現場で肉体的にきつくても不満にならないです。『十六歳の戦争』では照明の久米さんもそうでした。明るくて、楽しんで仕事をしていました。

――勅使河原宏監督の『砂の女』『他人の顔』なども手がけた久米光男さんですね。

とにかく現場に世俗的なものがなかったんですね。だからその中に入っても迷ったり挑んだり、目論

映画『バージンブルース』岡山ロケの待ち時間に。

んだりなんかする必要が一切なくて、その中に自然にいられたという感じしかないんですね。そういういいエネルギーが湧いている現場だと、料理されるこちら側もまずい料理になりようがないんです。だから『旅の重さ』の坂本（典隆）キャメラマンも世俗的でなくてすごく清潔感のある人だったので、私も映画の現場は初めてなのに何も不安なく溶けこめたんじゃないでしょうか。何かそこに世俗的なものを持ちこむ人がいると、私は案外脆《もろ》いです。

――感づいちゃうんですね。

感づいちゃいますね。

ヌードもノーブラも、ファッションである

――『十六歳の戦争』の試練をくぐった後、日活の青春映画『赤ちょうちん』のヒロイン・幸枝に抜擢されます。この一九七四年に連作される藤田敏八監督の『赤ちょうちん』『妹』『バージンブルース』の〈秋吉久美子三部作〉は初期の秋吉さんのイメージを鮮烈に決定づけましたが、その第一作となった作品です。『赤ちょうちん』と『妹』はフォークグループかぐや姫の大ヒット曲からタイトルを借りていますが、内容は全く独自の異色の青春映画でした。この三部作は内田ゆきさんのチョイスなんですね。

この一連は内田の手腕ですね。『赤ちょうちん』は中島丈博さんと桃井章さんの共同脚本。これは深沢七郎の小説からアイディアをいただいているのではと言われてけっこう騒ぎになりました。

――深沢七郎の「月のアペニン山」。引っ越ししまくる夫婦の妻が発狂する、

という展開が同じだったんですね。藤田敏八監督……撮影所での愛称にならってパキさん（助監督時代についた西河克己監督から「そこのパキスタンの皇太子みたいな人」と呼ばれたのがきっかけ）と呼ばせていただくと、『赤ちょうちん』はパキさんのユニークな演出と秋吉さんの鮮やかな演技のおかげで、四畳半フォーク的な貧しい悲劇みたいな定番を豊かに突破した感がありました。その独特な魅力は、続く『妹』『バージンブルース』でより鮮明になりました。

パキさんとしては、自分の作品の中にさらに新しい血、新しい感覚を入れたいと思っていたのでしょう。そこで内田ゆきがあいだに立って、パキさんと内田栄一さんをお見合いさせたんですね。栄一さんという人は、あんな不思議な脚本を書いているのに、パキさんと直接会うと、すごく人当たりがいいし、説得力があるんです。そんなわけで『妹』と『バージンブルース』をあの方向に持って行けたのは内田ゆきの手腕なんですよ。でも、その功績は世間的には誰にも知られていないことで、そこは不満もあったと思います。だから常にフィクサーをやりつつも、私を前に出して得意がり、私を前に出して妬み、みたいなことの繰り返しだったんじゃないかな。でも結局誰にも感謝されずみたいな（笑）。なにしろ栄一さんが亡くなる一か月前に離婚してますからね。最後まで感謝されなかったから、頭にきたんじゃないんですか。

――底なしに凄い逸話が続きますね（笑）。

『赤ちょうちん』の時は、新宿のどこかの喫茶店で監督のパキさんと助監督だったゴジさん（長谷川和彦監督）との顔合わせがあったんです。そこで私が何にも動じない感じで普通にしゃべってるので、ゴジさんが「こいつ本当に事態がわかってるのかな」と心配になったのか「おまえ脱ぐんだぞ、わかってんのか」って詰めたんですよね。それが当時の良識的な大人の感覚であったとは思うのですが。

――秋吉さんとしてはすでに「脱ぐ」という行為についてそういうとらえ方はしていなかったわけですね。

日活映画『赤ちょうちん』の現場で。
藤田敏八監督と。

「いったい何を言ってんだろうこの人」と思ったんですよ。なにしろ自分の意識はヒッピー。フラワーチルドレンだから（笑）。ヌードになることについての感覚が、当時の一回り上の世代とはすでに違っていたと思います。でも、私の裸に対する感覚を監督がすっかり理解していたら、逆に「商品」にならなかったでしょうね。その当時は、そんな裸ひとつとってもとらえ方が違う若い女優たちが雨後のタケノコのように現れて、それをもう一つ前の世代の作り手たちが誤解と錯覚のもとで（笑）使ってた。そんな状況じゃないでしょうか。

――裸やセックスについての新旧のボーダーラインがありましたね。

そういうボーダーは明らかにあったんですよ。たとえば、これはもっと後の作品ですが山下耕作監督の『夜汽車』のなかで、十朱幸代さんの妹役だった私が、必要に迫られて身売りするというくだりがあった。そんな私を女郎屋のおやじが品定めのために脱がせて、自分もお試しをするという荒んだシーン。それを演じた後で山下監督が「よくやってくれたね」とちゃんと言葉にしてくださったんです。でもその時に、つい「どうしてそんなに気をつかってくださるのかな」と思っちゃったんですね。

――いかにも山下将軍らしい丁寧なご対応ですが。

山下監督は誠実な方ですが、そんなふうにひと世代ふた世代上の人にとっては、そういう表現や演技が「裸になって映画に操をささげる」みたいな感覚なんだけど、私たちのあたりで明らかにボーダーが変わったんですよ。世俗的な商品価値とはやや違うかもしれないけれど、脱いでる本人にはもっとレボリューショナルな気分があったんです。言わば脱ぐこともひとつのファッションなんだという意識革命があって、ただ見世物で脱ぎますというのとはプライドが違っていた。つまり、とてもよきことをしてるつもりだったので、従来の裸についての意識とはまるで違ったんです。でも、さらにふた世代ぐらい後になると、今度は女子の肉体がまた古臭いかたちで「商品」として取引され出した気がします。

――その商品化はどのへんの世代のことですか。

女子高生が「援交」で騒がれ出した頃かな。私たちが乗った流れでいけば、日本の女子の性や肉体をめぐる意識はスウェーデン、オランダ、デンマークみたいな方向へ発展していくはずだったんですよ。つまり『ドラゴン・タトゥーの女』になっていくはずだったんですよ（笑）。それがもう一回逆戻りしちゃったように思いませんか。

――秋吉さんの青春時代の、あの性や肉体についての一種クールでマッチョでさえある感覚からは一時ずいぶん退化したふしはありますね。結局男権社会に悪びれず媚びるのかという。

「援交」やある種の「アイドル商法」から見えてくるような、何か違うものに戻っていったんですよ。イタリアではチッチョリーナがハードコア・ポルノ女優をやって、しかも国会議員にまでなってるのにね（笑）。チッチョリーナと同じ頃、日本ではNetflix『全裸監督』にも出てくるAV女優の黒木香さんがそれに近い存在だったと思うんですよ。でもやっぱりチッチョリーナとはちょっと違って、もうちょっと古典的なんですね。言わばまだ裸像が問題視されていた時代に果敢にも「裸のマハ」のモデルになったタイプの女性。実際、黒木さんはイタリア美術史を勉強していたらしいから、そういう反骨の芸術家のミューズみたいなものを志向する気分があったんじゃないかな。でも私たちはそれとも違って、裸になることをそんなにおおごとに考えてはいなかったし、むしろごくさらりと脱ぐことが自分の精神性の表現のつもりでした。

――奇しくも池田満寿夫さんの映画『エーゲ海に捧ぐ』のテレビ放映時（日本テレビ版）に、チッチョリーナの吹き替えをやったのが黒木香さんだったんですが（笑）、確かに黒木さんが男性というものから解放されていないような危うげな印象だったのに対して、チッチョリーナは飄々と軽快に自立していますものね。『赤ちょうちん』の時の私も、本人は軽快にやる気満々なのに、ゴジさんからは「おまえ裸になるんだぞ。どういうことかわかってんのか？」なんて言われて首をかしげたわけです。

――ゴジさんはあの大胆な作風からすると意外なほど慎重な方ですからね（笑）。

逆にパキさんは非常に繊細な人ではあるのですが、どこか少年みたいな好奇心があって、本当はファッショナブルなテレビ局のディレクターも似あうなと思ったこともありました。

――そのパキさんの好奇心を感じたのはどんな時ですか。

今、ダメージジーンズを何万円とかで売ってるでしょ。そういうものを当時は自分で作ってたんですね。洗濯機に漂白剤入れて回して、そのあと軽石でこするんですよ。そうやって穴を開けたり、ぼろぼろにして。

山下達郎がCMソングを担当した「三ツ矢サイダー」CF撮影現場にて。

――自家製ストーンウォッシュ加工ですね。

だって当時はそんなの売ってないんですから。そんな自前作業を一所懸命やるっていうのも青春ですよね。ところが、パキさんは「おまえ、それ自分で作ったのか」って言って、ちょっとうらやましそうに見てたんです（笑）。感心したような、うらやましいような、「ふーん、自分もやりたいな」みたいな……そんなまなざしで。

――気が若いんですね。

ちょっとまねしたそうな……そういう少年感があった。そしてなんだか、おしゃれ（笑）。寒くても、毛糸のえり巻きをたるませていた（笑）。

――パキさんの映画にもそういう部分は投影されてますね。

そうですね。少年の匂いがする人でした。

――ちなみに、そういう売ってないファッションアイテムを自前で作るようなことをみんなもやっていた時代なんですね。

それで思い出したのは、私の前に内田ゆきがマネジメントしていた吉田未来という今でもじゅうぶん通用するスタイリッシュで中性的な女優がいまして、私はかっこいいお姉さんだなと思っていたんですね。彼女も着たい服が売っていないと言って自分で作っていました。彼女のうちは普通の1DKのアパートなのに、いつも芸術家たちが土足で寄り合っていて（笑）、お洋服も自分で作って外で着てたんです。そんな未来が、「私が作ったお洋服をあげるね」と言ってくれて凄く喜んでいたら、内田ゆきがぶち切れた。「それはあなたであって秋吉久美子じゃない」って。そうか、内田は私を魔性の女にしたいので、そんなスタイリッシュな服着せたくなかったんだなと後で気づきましたが。

――吉田未来という名前を久々に耳にしましたが、六〇年代後半から恩地日出夫監督の『昭和元禄 TOKYO196X年』などの映画、テレビ映画でけっこう活躍していた、当時の秋吉さんからするとお姉さん格の女優ですね。そして、内田さんとの間にははっきりジェネレーションギャップがあった。

でもおかしいのは、吉田未来が作って着てるようなモードっぽいファッションは受けつけないくせに、私がヒッピーだと思ってやってることが、内田からすると「魔性の女」だという（笑）わけのわからないことになってましたね。そういう本人がよくわかってなくてきょとんとしながらタンクトップでノーブラでいるみたいな感じは、内田の思うコケットリーに合致してたんです（笑）。『痴人の愛』のナオミみたいな解釈だったのかな。そういう勘違いで放免されていることもありました（笑）。

――秋吉さんのヌードは、まさにご自身がファッション的な気分もあったとおっしゃっているくらいの

山下達郎がCMソングを担当した
「三ツ矢サイダー」CF撮影現場にて。

クールな感じがあって、当時はまだ一般的にあった「脱ぐ」ことの暗さや湿っぽい感じとは決別していましたね。その頃はまだ作り手も古い世代が多かったから、女優の裸像を撮るにしても安手のセクシーさに留まっていることがよくあった。でもパキさんの作品のような世界観のなかでは、秋吉さんのヌードをめぐる考え方がちゃんと感じられましたね。

でも、ジャーナリズムもまだ昔ふうの記者が多かったから、「脱いでよくやった」「体当たりのヌード」みたいなとらえ方が一般的でしたけれど。

――当時はもう女優が肌を見せるというとイコール「体当たりの熱演」ですからね（笑）。

そういう意味では、私のヌードの場合は、それをありがたがっていいのか悪いのか迷うような（笑）、体当たりしてなさそうな感じが異色だったかもしれないですね。それはパキさんとともに、内田栄一のセンスのせいでもあったと思います。

――それはよくわかりますね。ヌードと言っても、いわゆるお安いエロティックなものではなくて、物語に充満するニヒルで繊細な感覚を背負ってる感じ。

「それ、ダメージジーンズか。自分で作ったのか」みたいなことを聞いてくるパキさんにも、何かそこに共通の理解があったんですね。

――一方のゴジさんが、パキさんよりずっと若いのに、「おまえ脱ぐんだぞ。その意味がわかってんのか」って言っていたというのは、なんだか立場が逆みたいで面白いですね。

きっと「おまえわかってんのか」って心配したくなるくらい、きょとんとしてたんでしょうね。当時流行ってた『がきデカ』に出て来る「八丈島のきょん」みたいな感じかな（笑）。この前、テレビ番組の仕事の都合で、今まで一回ぐらいしか見てない『旅の重さ』を久々に観たら、「なるほどな。これじゃあ言うだろうな。おまえわかってるのかって」と思いました（笑）。慎重なゴジさんが不審に思うのも無理はないです。

――そうですね。まさかそんなふわっとした女子が文芸部の文集にあんなソリッドな小説を書いているとは思いませんものね。しかしこのデビュー期の秋吉さんはメディアに「シラケ世代の寵児」的なとりあげられ方をすることが多かったわけですが、先ほどおっしゃっていたようにご本人にはそういう時代の空気を代表しているんだというミューズ的な意識はなかったわけですね。

闘争よりも逃走を

そういうミューズ的な意識は全くなかったですね。それを言うならさっきの一時代の黒木香さんや、遡《さかのぼ》れば日活ロマンポルノで〝警視庁のアイドル〟と言われた田中真理さんのほうが、強烈にそんな意識があったと思うんです。私の場合はミューズ的に時代を引っ張っていきたいというよりも、むしろ時代と間違えずにつきあいたいと思っていました。たとえば連合赤軍の永田洋子さんはそれを間違えた。のみならず、私たちより上の世代の、多くの人たちが時代との切り結びかたを間違ってしまった。私は、間違えずに何かをなしたい。だけど力みかえって何かをなそうとすると、人間は間違えてしまうらしい。息せき切って動くと間違えた人になるらしい。それなら時代の空気を映して表現しながらも、同時に客観的な証人になりたい。そこがマスコミ的には「元祖シラケ派」という要約になったのでは。そんなふうに、何かイケイケで何かを主張したいわけではなくて、「間違えたくない」という気持ちがすごくありました。

――そのお話はひじょうに興味深いところですね。「間違えたくない」というクールで客観的な意識がシ

TBSドラマ『家庭の秘密』（'75）ロケ時のスナップ。

ラケ世代のアイコンというふうに〝解釈〟されたと……。

だから自分は時代の空気を映して裸になることは全く平気だったんですけど、決して「もっと人間は自由になれます」みたいなテーマやスローガンを個体として表現したかったわけじゃないし、社会に向けてエロスを突きつけるようなことをしたかったのでもない。

——わかりやすくイデオロギッシュでありたくないということですね。わかりやすい前衛はひとときのブームにはなりますが、すぐに陳腐化してしまいますから。秋吉さんは直観的にそういう位置に行くことを避けてまわっていたから生き延びた。逆説めくのですが、それはひじょうに積極的に「前向きにディフエンシヴ」であった（笑）ということなので、いわゆる退嬰的でやる気を喪失したシラケ世代のムードとは全く違うわけですが、大雑把に要約されて「シラケ世代の旗手」みたいに言われていたんですね。

「秋吉久美子」は、イデオロギーにとらわれたくもないし、「はみだし劇場」みたいなアンダーグラウンドの側でもないし、大道のメジャーの側でもない。あることに熱狂したり迎合したりするのをクールに拒みながら、自分の精神の領分を守り通したいんですね。だから、たとえばマルグリット・デュラスの『モデラート・カンタービレ』の意固地な主婦や『源氏物語』の空蟬のように、ある覚悟をもって激情に身をゆだねない女性像には共感します。

——そうやって言葉にするのはなかなか難しいんですが、まさに今おっしゃっているような秋吉さんの女優としてのフェーズは、感覚としてはとても鮮やかに届いていて、私はそこにビンビン反応しまくっていました。

そう。言葉にするのは難しいけど、体感的にはわかることですよね。

——ひじょうにわかりやすい。秋吉さんは積極的に危うさを避けてまわることそのものが主張だった気がするんですね。避ける、逃げ切るみたいな感覚。

それも、そもそもの音楽用語のモデラート・カンタービレ（中くらいの速さで歌うように）で飄々と、すっとぼけて逃げ切る感じ。

そうですね、きっと。とにかく逃げ切りたいんですよね。

――そんなことを強く思ったきっかけは、やはり連合赤軍事件ですか。

大きく言うと第二次世界大戦も含めてですよね。間違えていくということの恐ろしさですね。しかもその間違いの過程にあったものが絶対悪かと言ったら、決して悪いものでもなかったりするのが恐ろしい。善し悪しではなくて、いたずらに信念に固執し主張すると自ずからまずいことになるんじゃないでしょうか。私は間違いなく日本人で、決してアメリカ人でもヨーロッパ人でもない。でも日本人だから国粋主義かと言われると違う。しかし愛国主義ではある。フェミニストだけど昔のピンクヘルじゃない。やっぱり「八丈島のきょん」なんですかね。私は自分でドアくらい開けられるけど、やっぱり男性がドアを開けてくれると嬉しい。スケートだって、女性が男性を持ち上げて華麗に踊るのかと言ったら、やっぱり筋肉も違うし役割分担というものがあるでしょ。男女同等ではない。でも同権ではあると思います。マッチョなフェミニズムっていうのはしっくりこないし、一番近いものはチッチョリーナとか（笑）『マリアの恋人』のナスターシャ・キンスキーとかソフィー・マルソーの青春映画とか、その辺の人たちの感覚が自分ではすごく近い気がします。

――『嘆きのテレーズ』で生地屋の女を演っていたシモーニュ・シニョレもいいなとおっしゃっていましたね。

彼女の世界観っていうのもとてもわかるの。個人主義でも全体主義でもない、資本主義でも共産主義でも何主義でもない感じ。

――逃走主義じゃないですか。

毎日放送のドラマ『海峡物語』（'77）撮影現場にて。江藤潤と。

語らないところが魅力的です。

——そういう意味でも『妹』や『バージンブルース』では秋吉さんが……。

飄々と、ふわりふわりと逃げ切ってるんですよね。

——両方とも逃げ切る映画だから凄いと思うんですが、そういう意味で逃げ切れなかったのは、脚本家が違う『赤ちょうちん』ですね（『妹』『バージンブルース』は内田栄一、『赤ちょうちん』は中島丈博、桃井章が脚本）。だからよくこの三本はパキさんによる〈秋吉久美子三部作〉と括られるんですが、自分は『赤ちょうちん』は少し異質な気がしていました。もちろん『妹』『バージンブルース』は秋吉さんとパキさんと内田栄一さんのカラーがぴたりと合って大好きなんですが。

まあ『赤ちょうちん』の天草から東京に出てきた少女・幸枝は、逃げ遅れて狂ってしまいましたからね。でも私の中には『赤ちょうちん』に感応するところもあって、センチメンタルで素朴な少女が、これじゃない、あれじゃないと悶々としたあげくに、もう狂うという別の世界にしか逃げ道が見出せないという……あの不憫で壮絶な姿もすごく胸に迫るんですよ。案外ああいう古典的な文学性も好きなんですよ。そもそもフランス文学もロシア文学も好物ですしね。

——でも何か自分はそういう旗幟鮮明であるようなないような、内田栄一の至言を借りるなら「具体性がない」ところに今もなお惹かれるわけです。ところで当時の日活は、七一年に始まったロマンポルノ路線で気鋭の監督たちも現れて、作品の評価が偏見を吹き飛ばしつつあった時期なので元気もあったと思うのですが、最初に日活撮影所に行った時の印象は覚えていますか。

撮影所は、演技課、俳優部、衣装部というのが一つの建物の中にあって、一階は演技課や製作部なんですよ。窓の高さが約八〇センチぐらいなんですが、中から「クミちゃーん」って声がするから入り口に行こうとしたら、「何やってるの、その窓から入って」って言うんです。「これは伝統だから。吉永小百合さんも石原裕次郎さんもそうしたんだから」と。

――その窓は見た記憶がありますが、そのひとことでなかなかさばけた会社ですよね。

まず、いいところから言いましょう（笑）。たぶんあの頃のロマンポルノの時代の日活は邦画各社の中で最も若々しい会社で、監督も二十代後半から四十代、俳優も十代後半から二十代くらいが多かった。だからもう、ひじょうに活気があったわけですよね。それからあまり感心しなかったところは、日活は元気ではあるんですが、当時ロマンポルノで攻めていたので、いい意味で芸能界的ではなくて、ややイデオロギッシュな反骨の部分が前に出ていた。するとどうなるかというと、例えば裸になってラブシーンを撮る時でも何ら気を遣わないで、普通のシーンを撮るみたいにドタドタッとみんなで機材を準備して「はいスタート」、なんと目の前にスタッフが全員いる、みたいな感じなんです。ここはラブシーンだから気を遣おう、みたいな配慮は全くなくて。たぶん同じかぐや姫の歌で東宝が関根恵子さんの『神田川』を作った時は、出目（昌伸）監督はきっといろいろ気を遣われたと思うんですよ。でも日活はラブシーンも日常シーンも撮り方が同じような感じだったので、それは、私はけっこう雑だなと思いました。また私のことですから、その雑さについて文句を言ったらみんなが引いちゃった瞬間もあった気がしますが、当時はそういうこと言う人もいなかったんじゃないでしょうか。

――まあ勢いもあり弊害もありという昭和の空気のなかでは、言われたら粛々とやるもんだ、みたいな空気がありましたから、特に秋吉さんのようにまだハイティーンぐらいの少女がそういう当たり前といえば当たり前の主張をすると過度にびっくりされたんでしょうね。

ロマンポルノの勢いがひとしきり落ち着いて、やっぱり日活青春映画をやろうぜとなった時に、でも往年の明るく夢のある青春物ではなく、ロマンポルノのしっぽもくっついた、イデオロギーを伴ったエ

『赤ちょうちん』新聞広告。
ブームのカンフー映画と異色の二本立て。

ロスみたいなものをやろうとなったと思われます。そういう雰囲気の現場で、流れのままにやっちゃうことは普通だったと思います。私みたいに「ラブシーンなんだから気を遣ってください」とか「合間にガウンを持ってきてほしい」とか、そういうことを言う人はいなかったと思うんですね。そんなことから、だんだん「秋吉は生意気だ」と姿勢や言葉ひとつひとつが注目されるようになって、いつしかそれが当たり前みたいになっていた。取材などでも自分なりの闘いはあったかな。ロマンポルノが悪いとは言いませんが、雑誌の取材で最初から「新しいロマンポルノ女優が登場」みたいな解釈でインタビューしてくる記者さんもいましたし、そういう時は日活がこういう路線でこうなんですって説明しました。けれど、やっぱりロマンポルノの流れも含めての、あの（秋吉と共演の高岡健二が裸で向き合っている）『赤ちょうちん』のポスターなんですよね。限りなく不透明な青春とエロスみたいな感じ（笑）。

――ああいうポスターを撮っている時は、どんな感覚なんですか。

いきなり「これでお願いします」と注文が来まして、変だなあって思いつつやっていましたね。ポスターってどうしてこういう感じなのかな、と。撮っている時に内田はいないし（笑）。

――実は日活黄金期の無国籍アクションや青春映画のポスターのロゴやデザインはロマンポルノ期もずっと踏襲されているんですが、日活は独特の泥臭さがありましたね。地方の小屋に似合いそうな……。

あの頃は、今思えば明朗な青春映画の日活から路線が変わって、ロマンポルノが主軸となり、その後のエロスも含んだ明るいばかりではない青春映画の第一弾ということだったんです。日活だけではなく、そういう売り方の時代は十数年は続きましたよね。女優イコール裸、エロス、みたいな……。

――あの上品な東宝ですら、裸がバーンと出ているポスターで売っていました。

松竹の、由美かおるさんのもそうですよね。

――『同棲時代』や『しなの川』ですよね。内容はそうでもないのですが、ポスターやパブはごつく裸が売りで。

七〇年代初めから十四、五年くらいそんな感じがありませんでした？　自分としてはかなりイケてることをしているつもりが、そういう古臭い「商品」としての女性という受け取られ方にどうしてもなってしまう。そのあたりの感覚って、各国の映画産業はいまだにない交ぜじゃないでしょうか。イケてる体と商品としての体がない交ぜになってる。でも、最近大人になって考えると、そういう部分をすっきり切っちゃうと、きっと芸能ってつまらないのかな、とも思うんですよね（笑）。

――そこは私もなんだかんだ言って同感です。裸はアートであり見物であってほしい（笑）。

私も別に、そういうイケてる感覚だけを狙って脱いだわけじゃない。やっぱり高校生の時に『ロミオとジュリエット』を観た時にオリヴィア・ハッセーのおっぱいとレナード・ホワイティングのお尻を見て興奮して、「なんてありがたいものを見せてもらっちゃったんだろう」っていう気持ちもあったから（爆笑）、そういうものに対してすごくポジティブではあったわけです。「やだ、裸になるの怖い」とかそういうことではなくて、裸はなんてすばらしい、こんなにいいものあるのだろうかと感動、興奮してた部分もあるから、ヌードということについては非常に前向きな捉え方でしたね。ただ現場の雑なムードは嫌だなと思ったんです。

――スタッフのおじさんたちが、目の前でがさがさやっていた。

ロマンポルノという環境のなかで裸に慣れっこになっちゃってたのかもしれない。だから私が不満を言った時も、「何言ってんだ、十年早いよ」みたいな感じだったんじゃないかな。

日活映画『妹』新聞広告。
春休みに続き日活のお盆興行を担う。

『赤ちょうちん』のインスピレーション

――ところで裸も含めて女優さんは作品の役柄を肉体で具現化しないといけないわけですが、その際にたとえば役が求める虚構の自分、それ以外の本来のナチュラルな自分の案配というのがあると思うのですが。

特にあの時代は、パキさんをはじめとする監督たちに、役者の持っている時代感を作品に取り入れたいという狙いがすごくあったわけですね。パキさんたちは自分が半分、俳優も半分で、何かそこにスパークするものを求めてたと思うんです。俳優が自分の肉体を以て映画の中に加わるのだったら、その本人のいいところを殺して作品にはまったとしても、観るほうはどうなのかなぁ。幸いそういうタイプの監督たちとお仕事することが多かったように思います。大監督の野村芳太郎さんもそうでしたし。

――その五分五分のお話からすると、たとえばパキさんの〈秋吉久美子三部作〉での演出はどんな感じなのですか。

パキさんはひらめきの人なんですよね。台本と違うことを高岡（健二）君にやらせてました。

――どんなシーンでしょう。

たとえば行方がわからなくなった私が、向いのアパートのオカマさんの部屋にいるのを高岡君が見つけたシーン。パキさんは高岡君に、自分の部屋の窓からこちらの窓へ飛び込んでくるスタントみたいなことをやらせてました。高岡君の身体能力を見て、はじめて思いつくことだと思うんですが、必ず高岡君を動きながらしゃべらせるんです。身体能力が高いから、動いてるほうが魅力的だし、本人も自然体になれるんです。だから、とにかく意味もなくバック転させたり、走らせたりする。そもそもパキさんは自分が俳優になりたかった人だから、逆に俳優の個体というものをよく見ていたと思いますね。でも、そういう自分の枠から出た異物の面白さをとりこめるというのは、実はタフで器の大きい人だと思います。パキさんは、自分は弱いダメ人間みたいなふりをしてたけど、本当は雄牛のように強い人じゃないかな。現場で思わぬことが起こっても動じませんからね。ある時、ひらめきがわいてこなくて、ディレクターチェアに座って何にもしないで腕組んだままぼーっとしてるんですよ。しかたがないからスタッフもみんな黙ってる。それで「よし、わかった」とか言うから、みんなが、ああ、いよいよ動くんだなとザワッとしたら、「昼飯だ」って（笑）。

――大物ですね。もうこれ以上考えても仕方がないからメシ食おうということですか。

ですね。実はそれは、気の狂った幸枝が鶏を食べてるシーンだったの。あのシーンで、私はひたすら鶏をむしゃむしゃやっていればいいんですが、そこに何かほしい。

――それがあの鳥のシルエットですね。食べているのは鶏肉ですけど、あれはカモメですね。奇しくも「かもめのジョナサン」が大ヒットした年ですが（笑）。ああいうシルエットのギミックなどはあまりパキさんの映画に見られないパターンですが、強烈に利いていました。あのカモメのシルエットは脚本になかったんですね。

ああいうことは書かれてなかったですね。それで何か足りない、どうしたらいいんだろうとなって「うーん、うーん、あー」と唸って「よし、飯だ」ですから（笑）。あのシルエットを思いついたのは、本当にご飯を食べてからなんですよ。

――その後にひらめいたんですね。その種のインスピレーションの例は他にありますか。

『妹』の時も、アフレコのときに、演技とせりふをいきなり変えるんです。目にビールの王冠をはめて

日活映画『バージンブルース』新聞広告。
『炎の肖像』予告にもクレジット。

しゃべるくだりです。

——王子・飛鳥山の焼き鳥屋の二階で、瓶ビールの王冠を両目にはめて、トルコ嬢の片桐夕子に「夫を崖から突き落とした」と告白するところですね。『妹』は鎌倉に嫁いだ秋吉さん扮するねりが、夫と不仲になって早稲田で運送業をやっている林隆三の兄のもとへ出戻ってくる。でもその行方不明の夫を実は自分が殺したんだと言いはじめるんですね。

　あれはもっと普通に話してたんです。それなのに、アフレコであのしゃべり方にされたんですよ。「もっとフラットに話して」と。まあ、今で言えばＡＩが「ワタシ、コワカッタノ」としゃべるような感じにしてくれと。

——ああ、あの話し方もなるほど利いてますね。

　しかも、せりふも変えちゃってるんですよ。

——口が合っていないということですか。

　口は、よく見たら多少合ってないですよ。そういうところは、パキさんは自由ですね。

——そう言えば、この頃の秋吉さんって、時々この台詞まわしはどこから出てくるのっていうのがありましたね。例えば『妹』で、伊丹十三のイラストレーターが自殺してお焼香に来た時に「このたびはご愁傷様でございます」と言うんですが、それがもう人を食ったというか凄くしらじらしく言う感じで素敵なんですが（笑）あれも……。

　あれもパキさんです（笑）。モノトーンでしゃべってくれとか、いや本当にパキさんは発明家なんですよ。

――確かにあれは発明ですよ。あの不敵な……。

ふてぶてしい（笑）。何かシラーッとした感じ。

――あれはいいですよ。

たとえば改めて花嫁姿の写真を撮って鎌倉に戻るという時も、ホンでは「お兄ちゃん、お世話になりました」と泣く、みたいに一般的な書き方がされていたんですが、パキさんはそこを怒りながら言えって。

――ははあ、あれもパキさんですか。あのつっけんどんに兄に別れを言うところもひじょうに鮮やかですね。

だから高岡（健二）君にしても、若い俳優が無理して演技しているところなんか撮りたくないから、彼の身体能力を見込んで常に動かしておくんです。走りながらしゃべらせるとか、走ってからしゃべるとか（笑）。パキさんの場合は役者を動かしたり、思いもつかないことをやらして、役者がうざったい芝居をしないようにするんですね。

――それは本当に繊細な計算ですね。

たとえば林隆三さん扮する兄さんと近親相姦になっちゃうんじゃないかという時に、私が指にかみつくなんてホンには書いてないんですよ。いきなりかみつくというのは、私が勝手に発明したんです。でも「カット」と言った後にもう一回やり直し、かみつかないバージョンも、とかそんなことは言われなかった。だからその瞬間に、うん、いいかもって思ったんじゃないんですか（笑）。

――いや監督の立場になって考えると、それは相当嬉しいプレゼントだったんじゃないですか。もし信頼する女優さんが勝手に知恵を絞ってそんなことをしてくれたら、私は感電するほど嬉しいですよ。

そういう想定外のことを味方にしちゃう懐の深さはありますよね。『赤ちょうちん』ではシーンの順

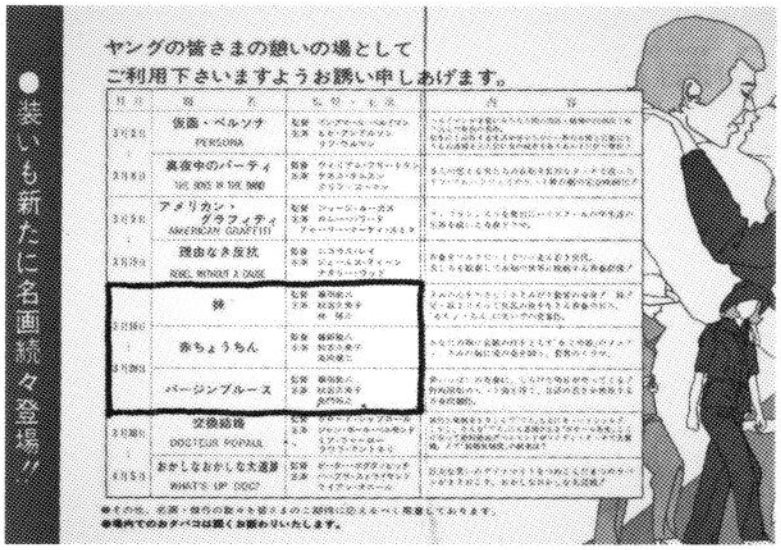

当時の飯田橋ギンレイホールのリーフレット。〈秋吉久美子三部作〉は名画座の人気番組だった。

番を前後変えちゃって、服がつながってないところもあるんです。一日のうちに服がころころ変わったり。そういうところはパキさんは平気なんです。エッセンスが大事なのであって、そこをつかまえておけば何も気にしない。そう言えば、パキさんは晴れてても降ってても気にしない。

――何か天気にまつわることが？

『赤ちょうちん』の、みんなで海辺にピクニックに行くシーン。何であんな雨の中、あんなところに行くんだと（笑）。あんな若者たちって変じゃないですか。よりによって十一月の、寒い雨の日の海辺に行くなんて。

――でも、あれはもう狙いとしか思えないですね。あんな日に普通撮りませんからね。

いや、三時間ぐらいは天気待ちをしていたんですが、どうにも雨がやまないから、もうやっちゃえ、みたいなことになったんです。しかも、もう夕暮れ近い時間で。

――でも、あれ何か逆に変でとてもいいですよね。最初に観た時から気になりました。

変ですよね。でも、せめて薄曇りだったら雰囲気も違うでしょうに、何やら重くて嫌な感じで面白いですよね。

――実に荒涼たるピクニックですが（笑）、この実景にカモメがたくさん映っていたので、パキさんは秋吉さんが狂ったシーンのカモメのシルエットを思いついたに違いありません。まさにひらめきの連鎖。

『赤ちょうちん』のあの海辺にピクニックに行く若者と、『さらば愛しき大地』の海辺でカニを食べる親子が、私のなかでは凄く重なるんです。重く嫌な感じの、抜けがなくて到底ファッショナブルではない、日本ならではの手に負えない感じ。

――『妹』のラストシーンで、林隆三さんがおでん売ってる海辺も、もう最悪な感じ

（笑）。

あれも本当は、晴れた砂丘の中で、男が一人、殺人者の妹を探してる……みたいなほうが絶対に素敵だと思うんですが、しかもその殺伐とした海辺の水たまりで兄の林隆三さんはおしっこするじゃないですか。なんであんなことになるんでしょうか（笑）。

――しかもおしっこしたのと隣接した水たまりで手を洗いますからね（爆笑）。もう投げやりというか思考停止状態。

だいたいあんな雨の日の砂丘におでん買いに来る人いるんですか（笑）。

――いやあ、あのニヒルで最悪な感じ。でも、結果的に本当にいいですよね。

結果的にひじょうにいいんですよね。そう言えば、パートナーだった赤座美代子さんとパキさんが仲よしなんだな。あの二人はなかなか垢抜けてて好きだったんですけど。ちょっとフランスの文化人カップルみたいなところがあって。あれは赤座さんが気風よくてかっこよかったからなのかな。

――しかし話を戻しますが、要はパキさんは俳優からお天気まで、なかなか御し難いものにむしろ身を託すことで、自分の引き出しにはないひらめきを呼んでいたんでしょうね。

逆にそういうひらめきを盛り込まないと気持ち悪いんでしょうね。確かに何かをやっていてひらめいた瞬間に、エネルギーが生まれませんか。そこを自分の習慣とかものの見方だけで進めちゃうと、スパークしなくて低空飛行になっちゃうみたいな。

――パキさんは、そのひらめきの起爆剤を俳優に求めたんでしょうね。

そうですね。そして「うーん」とか唸って黙ってるので「何ですか。コンテでも考えて悩んでるんですか」って言ったら、「ばか、俺がそんなわけないだろう」なんて言って、すっとぼけてる。そんな飄々とした感じで、変なプライドもなくて、みんなにパキって呼ばせてました。照明部のチーフが「パ

『バージンブルース』ロケ現場。長門裕之と。

キ、これどうすんだよ」とか言っても、「あーん?」みたいな。だから、根っこの部分は太くて強い人なんじゃないのかな。

――その遊びのゆとりというか肺活量が映画に出ていますよね。

年齢を重ねると、翻ってそういうのもわかってくるところがあるんですよね。パキさんは、普通は強さを鎧にするのに、弱さを鎧にしながら、いろんな人のいいところを引き出していたんじゃないかなあと。だからパキさんは、私が器用に定番芸をやるプロの役者になってくのは非常に嫌だったんでしょうね。そもそも彼は、あんまり役者役者しているのが好きじゃない。自分の常識を覆したり、刺激したりしてくれませんからね。だからこそ、もし新人の俳優が彼と出会えば、やっぱり抜けがよくなるというか、ある種のものに気がつかされるんじゃないかなと思いますね。

――ところでパキさんは、そうやってもう思いつきみたいに、自由自在にさまざまな要因を取り込みながら、最後につなぐとユニークながらみごとにつながっているんですよね。

カットカットのつながりの計算は、さすが東大と思いました(笑)。つながりが数学的というか、すごくちゃんとしてて。雰囲気で撮った映画に見えて、実はオーガナイズされている。

『妹』『バージンブルース』のフリーダム

――パキさんって、もっと本当にクネクネと行き当たりばったりで撮ってるようで、実は計算が行き届いている。そう言えば『妹』で、お風呂上りの秋吉さんと林隆三さんが何気ない会話をしている時に、「なぜここで」という感じで地震

が起こる。

あれは実は、妹が幽霊だっていう意味だって解釈する人もいるんですよ。早稲田のあそこの地下鉄から出てくるところで、すでに幽霊なのだと。あの不思議な地震も含めて怪奇現象が起こるのも、彼女が幽霊だからなんだと。

――確かにいきなり早稲田駅の天井がはがれて落ちてきますからね。

そういう、あの時代ならではの不安定さと言うか、彼女は実在してるのか幽霊なのかわからない感覚ですね。そして妹を結婚させたことも本当なのか、あれは幽霊の写真ではないのか、と言った解釈ですね。

――それで最後、兄は雨の砂丘で妹の幻を追っている、というのは面白いかも。

おでん売ってね（笑）。誰も来る人はいないであろう、あんな砂丘で。

――そう言えば、特に『妹』の秋吉さん扮するねりは幽霊疑惑も出るくらいにどこか現実感がなくて最後も剃髪した後でお坊さんと駆け落ちしたとか言うんだけれども、本当はどこかで死んでいるかもしれない。パキさんはそういう人物像や人間関係の曖昧な感じを出すのもうまいですね。

私、よく考えたら、映画では『旅の重さ』以外は自殺する役やったことないんじゃないかな。

――病死はありますけどね。『チーちゃんごめんね』に『夜汽車』。

『さらば愛しき大地』は他殺。あれも実際に殺されているというよりは、メタファーみたいに感じましたけどね。

――ところで内田栄一さんが脚本を手がけるようになってからの『妹』と『バージンブ

左：『バージンブルース』の岡山・児島ロケ。
藤田敏八監督、長門裕之と。
右：『バージンブルース』撮影現場。

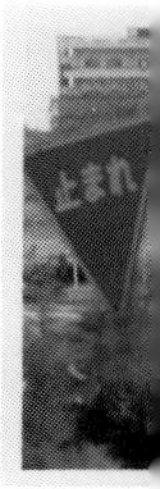

ルース』は秋吉さんに当て書きされている感じですよね。

特に『バージンブルース』はそうですね。でも『バージンブルース』は大変なスケジュールで撮りました。

――この頃のたとえば『妹』などはどのくらいの撮影期間なんですか。

それでも一か月はかけてたんです。でも『バージンブルース』は岡山方面にロケしてけっこう移動もあるのに凄いスケジュールでした。確か岡山の五日間で全体の半分以上撮ってますね。ワンキャメで一日百何十カットだったの。もう死ぬかと思いましたよ。

――あの何くわぬ顔で裸で泳いでいるのもご当地なんですか。

ええ、前夜も遅かったのに朝七時くらいに沖までボートで連れて行かれて、確か十月も末の寒い海につけられて。そこで泳いで疲れ果てていたのに、そのまま夜の十時か十一時までずっと撮影。それで百何十カット。

――前半の東京で集団万引きするところは東京ですね。

だから、もしかしたら『バージンブルース』は三週間前後じゃなかったかな。私、さすがにもう誰とも口きかないで怒ってたもん。しかも、宿の部屋も足りなかったのかもしれないけど、エキストラ的な女の子たちと一緒の部屋に泊められたんですよ。彼女たちは修学旅行気分で夜中じゅう騒いで、私一人だけ朝七時から海につけられるのに、全然寝られない。もう流れだけで、やっぱりちょっと雑？

――あの児島とか櫃石《ひついし》のほうの海は、そんな季節に泳げませんよね。

でも「大丈夫か？」みたいな愛もなく（笑）。それで怒ってたら、「あの子は態度が悪い」とか言うのはちょっとやめてほしい。わたしはガンジーじゃないんだから達観なん

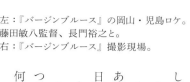

かできない。今さらながら腹が立つ。

——しかしそのハードスケジュールのなかで撮られた『バージンブルース』は、秋吉さんは大変お辛かったと思いますが、その低予算即製の勢いがむんむんしていて、ちょっとないタイプの自在な映画に仕上がっていますね。けっこう台詞や動きにアドリブ的なものを感じるのですが……。

『バージンブルース』はアドリブだらけのように見えて、案外アドリブじゃないと思います。でも台詞もアクションも細かいところではいろいろやっているでしょうね。まあ、パキさんだから、何やってもそんな不自然には映らないわけですね。

——それにしてもこの作品では相手役が長門裕之さん扮する謎の脱サラおじさんなんですが、よく考えると当時の秋吉さんの相手役としてはずいぶん年長ですよね。これは違和感なかったのですか。

そもそも私にはあまり年齢は関係ないですね。奥村公延さんなんかとても好きでしたしね（笑）。バーニー・サンダースも七十八歳だけど、色っぽいと思いますよ（笑）。ちょっとすてきじゃないですか、気骨があって。あんまり年は関係ないですね。

——今なら年の差カップルの概念も拡張されましたから、二十歳上のおじさんの長門さんでも気にならないと思うんですが、この七四年にフレッシュなアイドル女優として売り出し中の秋吉さんの相手役が長門さんというのはちょっと不思議だったんですね（笑）。そういえばパキさんと内田栄一さんは『スローなブギにしてくれ』でも二十歳そこそこの浅野温子さんに山崎努さんを絡ませていたので、あれはその作り手側の投影だったのでしょうね。

年齢は関係ないと言えば、こんな事も。『「わたし」の人生《みち》　我が命のタンゴ』では、橋爪功さんが私のお父さん役だったんですが、ある時に橋爪さんが「君は僕と十歳しか年が離れてないんだよ」って急におっしゃるんです。たぶん私があまりにも天真爛漫に、まるで橋爪さんがお父さんだと疑ってない風

『バージンブルース』ロケ現場。清水理絵と。

が腑に落ちなかった（笑）。

――自他ともに年齢の概念はないわけですね（笑）。

私は口では理屈っぽいけど、かなり幼児性を持ってるから、父娘という役になったときには、もう幼児性がバッと出て来て、なんの迷いもなく橋爪さんをお父さんだとみなしていたんでしょうね。それに橋爪さんは逆にとまどわれたようだけど（笑）、おっしゃる通り、自分にも他人にも通常の年齢の概念はあてはめないですね。

――よくわかります。さてその大変だった『バージンブルース』をもって、この一九七四年のうちにパキさんの〈秋吉久美子三部作〉が出来上がって、これは秋吉さんのイメージ形成のうえでとても重要な三本だったと思うのですが、当時これをもって明らかに自分の見られ方が変わったな、みたいな感じはあったんですか。

『赤ちょうちん』のせいで私が相当頭がとろいと思った人が多かったです。本当はどうなの、みたいな（笑）。実はいまだにそれが続いていて「いいんだよ、久美子。久美子だって間違いはあるさ」みたいな気持ちで私を見ている人は多いと思うんです（笑）。私と同じぐらいの世代の人は、『赤ちょうちん』の幸枝のイメージがあって、男の人の保護本能を駆り立てるらしいんです。そういう人たちは、本当にちょっと足りないんじゃないのかなと心配して「失敗したっていいんだよ。大丈夫だからね」みたいに思ってくれているらしいので、それに応えて「私コワい」「あーん、どうしよう」みたいなこと言わなきゃいけないのかな、と気になります。「おいおいそれ何だよ」と心ではつぶやいていますが（笑）。

――それは面白すぎますね。私はほぼデビューされた瞬間から秋吉さんをフォ

DUTY FREE
DUTY FREE
Art of

85 8 14

85 8

JOZÆF

ロ－し続けていますが、そういう助けたいロリータみたいに思ったためしはないですね（笑）。それは映画の役柄がそういうものだったに過ぎないわけで、むしろ時代の危うい部分から二ヒルに逃げまくっているイカすアイコン、気安いロリータ顔とは裏腹の柔らかい殻をもってそういう危うさを弾いている尖った少女……そういう逃走主義の先頭走者みたいな、低温でスタイリッシュな位置づけなんですが。

そこまで汲んでくださったら最も理想的なのですが、一般的には出来の悪い、でもかわいい妹みたいなイメージが定着したんじゃないでしょうか。ただしその一方で、高校生の時に書いた私小説風のかたくなな世界を心の中に持ってるからこそ、「シラケ派」とか「元祖プッツン」、「元祖新人類」とか呼ばれてきたところもあります。そういう部分は排除されていく。その女優として「商品」にならない部分はみんな気がつかない。「いいんだよ、久美子」「この子はちょっと変わってて、出来が悪いんだ」「おまえ、頑張れよ」みたいな受け取られかたがほとんどだった気がします。『赤ちょうちん』『妹』『バージンブルース』では、善くも悪しくもそういうみんなが好む「僕らの妹」としてのイメージが培われた気がしますね。

――まあ確かに秋吉さんはロリータ的な風貌や幼児性とエロティックな部分のミスマッチがひじょうに衝撃的ではあったのですが、そんなまさか役柄のように心もとない人だとは全く思わなかったですよ（笑）。むしろ今回、高校生の時に執筆された濃厚な私小説を読ませていただいて、まさにそういうものを陰で書いていそうな雰囲気を感じましたけどね。

誰もあんなオツムの弱そうなロリータ顔の子が小説書いているとは思わないですよね。でもまあそれも、ひらめきのスパークが不足していて、やっぱり出来がいい子の文章どまりだなっていう感じですね。強い私的な世界はあっても、人としての経験不足なのか、何かもうひとつ「モデラート・カンタービレ」みたいな境地には行ってないんですよね。つまり大いなる自我を持って何もしない。もっともそこ

『バージンブルース』撮影現場。

へ行ってしまったら、まず社会では生きていけなくなる。

――デュラスはまだ読んでなかったんですか。

高校生のときは、ゾラ、デュマ、スタンダール、カミュ、サルトル、フローベール……とフランス文学は好きでしたが、その頃デュラスは知りませんでした。

――さて、このパキさんの〈秋吉久美子三部作〉が連作された一九七四年、『赤ちょうちん』と『妹』のはざまにあたる時期に、秋吉さんは岡本喜八監督の東宝映画『青葉繁れる』にも出演しています（公開は『妹』の後）。井上ひさしさんの自伝的な同名青春小説の映画化で、青葉城のある仙台の高校生たちのユーモラスな日常を描く物語でした。

男子高校生は丹波義隆さんや草刈正雄さん。私は学校のマドンナ役でしたが、とにかく映画そのままに明るくて愉しい現場でした。ところが、この映画を東宝撮影所で撮っている時に、ちょうどパキさんも東宝に招かれて梶芽衣子さんの『修羅雪姫 怨み恋歌』を撮影していたんです。それで、ある日撮影が終わった後にパキさんに誘われて、新宿のゴールデン街まで連れて行かれて明け方まで飲みにつきあった。どういうわけか一緒にいたパキさんの組の記録さんを私が家に送り届ける（笑）ことになって、私は帰宅して着がえてそのまま撮影に出かけるはめになったんです。

――ということは、全く寝られなかったんですか。

一睡もできずに『青葉繁れる』の撮影に行ったら、なんとその日は仙台の男子校と女子校の生徒がダンスパーティーをするシーンだった。寝てないし、お酒が残っていて踊っているうちに気持ち悪くて気持ち悪くて（笑）。もう二度と映画人のオトナたちの誘いに気前よく身をまかせるまいと反省しました（笑）。

――秋吉さんが演じているひろ子は、井上ひさしさんが高校時代にお隣の女子校で同学年だった若尾文子さんをモデルにしているらしいですね。秋吉さんはパキさんの描くシラケ世代のヒロインがお似合いだったので、『青葉繁れる』のような純朴な役は違和感を覚えませんでしたか。

そういう点はこだわりありません。しかも『青葉繁れる』は出演者のみんながとても爽やかでいい人ばかりだったので、撮影中とても仲よしでした。

――岡本喜八監督の思い出はありますか。

監督は凄くスタイリッシュな方でした。イメージのなかでは鉢巻きをした男っぽい名職人という感じですが、とても繊細で優しい方。撮休の日には監督のお宅に若い出演者みんなで呼ばれて、ご実家のほうから送られてきたワカメを火鉢で焙って食べた記憶がありますね。出番こそ少なかったですけど、アットホームな現場で優しくしていただいた印象が強いです。

――この年は秋吉さん人気が沸騰、『バージンブルース』に続いて七四年末に日活で封切られたジュリー（沢田研二）主演『炎の肖像』にも顔を出されていますね。

『炎の肖像』は一九七五年のお正月映画なので、ぜひ出なさいと言うことで。

――これもパキさんと加藤彰監督が共同監督で立って突貫工事で撮ってますね。

そうでしょうね。当時のハードスケジュールのジュリーだから。

――ジュリーはとても高感度な俳優さんだと思いますが、どんな印象でしたか。

この作品しかご一緒していませんが、映画界もああいう人だらけになるといいんですけどね。愁いもありながら、男として野太い信念を持っていて。私は個人的には敬意を持って見ていました。あんなふうに実人生と大衆芸能の部分と芸術家の部分が全部豊かに統合成立してる人って多くないですよね。

NHK少年ドラマシリーズ『おとうと』('81)ロケにて。
高野浩幸と。

知られざる秋吉の金字塔『挽歌』

――そして続く七五年の『昭和枯れすすき』は、娯楽映画の名匠・野村芳太郎監督が撮った作品ですが、前作『砂の器』が大評判だったそばから流行歌にあやかったメロドラマを撮るのかと意外に思った記憶があります。蓋を開けると、当時青春映画のトップランナーだった秋吉さんも出ているし、小味な拾い物という感じのいい作品になっていましたね。

高橋英樹さん扮するお兄さんが刑事で、さる事件で疑われた妹の私に沈痛な面持ちで手錠をはめる。あの手錠が、本物の手錠だったんです。本当の手錠って、もの凄く痛いんですよ。引っ張られれば引っ張られるほど締まっていくんです。だから、刑事部屋の中を、高橋英樹さんが私を引っ張っていく時に、息ができなくなるくらい痛かったの。手首も凄く腫れてしまって。あれから手錠トラウマになってしまって、どんなドラマを見ても、犯人が手錠かけられて引っ張られてくシーン見ると、「この手錠本物なのかしら」と思って見てしまう。

――それは何で本物じゃないといけなかったんですか(笑)。

そこがもう亜細亜的なんですけど、私だけじゃなくて、ありとあらゆる俳優さんがそういう目にあっているんじゃないのかな。「やめてよ、お兄ちゃん。やめてよ」というひとことが言えないぐらい痛かったです。

――手錠ってそういうものなんですね。でも野村芳太郎監督とのやりとりはとても素晴らしかったそうですね。

そうなんです。まず大船撮影所のそばの「好養館」という旅館でまる一日、野村監督とふたりでホンを見て、「君だったらどう言う？」「じゃあ、ここはこう変えよう」とブレインストーミングみたいなことをやったんですね。それをたたき台にして自分で整理して、さらに撮影の日も午前中は全部リハーサルに当てて、それをテープに録るんです。そして本番では「秋吉君、もう一回聞いてごらん。君のテンション、それじゃなかったよね」と思い出させてもらって。野村監督はそういう丁寧な工程を踏んでくださった。

――とうに邦画不振の時代でしたけど、野村監督はしっかりやっていたわけですね。ちなみに『昭和枯れすすき』のキャメラマンの川又昂さんが昨年亡くなられましたが、覚えていらっしゃいますか。

はい、よく覚えています。立派な職人さんというか、その前に人として立派な方ですよね。野村監督ととてもいい関係に見えましたね。「こうしようと思ってんだけど、どう」「こっちのほうがいいと思わない？」みたいないいコンビネーションで、お二人ともいい感じの大人同士のチームワークを感じました。

――野村監督と川又キャメラマンは長年のいいコンビで傑作を生み出していましたからね。

お互いに信頼し合ってて、全然現場に不安感がない感じでした。川又さんは常にどんと構えてる感じの方で、いつも笑ってた。大工の棟梁みたいな、いい寿司屋の名職人さんみたいな気風のいい感じですね。基本的に機嫌よくお仕事なさっている。

――『昭和枯れすすき』の現場は、非常に安定感があったんですね。そして意外に次の『挽歌』（一九七六年）という作品はなかなかいい作品なのに語られることが少ないですね。

なぜなんでしょうね。以前テレビのお仕事でご一緒した徳光和夫さんが、『挽歌』はよかったなあって、その話ばかりしていたんですよ。徳光さん、映画がお好きでもの凄くたくさんの作品を観ていらっしゃる。

よみうりテレビのドラマ『熱愛むらさき情話』('78）の主題歌は平尾正晃が作曲。

——さすがですね。『挽歌』はソフト化されていないだけでなく、上映も放映もされないので、かつてある衛星放送の局に頼んで放映してもらったこともあります。

『挽歌』は、私のなかの金字塔です。

——あの原田康子さんの原作小説は一九五六年に刊行されて戦後最大のベストセラーになったのですが、文学少女時代に出会っていたのですか。

読んでなかったんです。けれど、やっぱりこの時も河崎義祐監督が衣装の事から演技まで、とても意見を取り入れてくれたんです。当時からしても二十年前の、まだ戦後の空気がある頃の小説だから、現代性をとりこむおつもりだったのかも。

——だって、先立つ一九五七年の映画版は森雅之、久我美子が主演ですから（笑）。

私扮するヒロインの怜子が、仲代達矢さん扮する建築技師の桂木に会いに行く時、雪の中をドレスにブーツをはいて行く。今だとそういうコーデもあるじゃないですか。そういうまだみんながやらないファッションもこの映画では発明（笑）していたんですが、そういうアイディアを全部受け入れてくれた。ひとつ残念なところは、怜子と桂木の関係ができたということを描くシーンで、ベッドから手が出てきて捨ててあるパンティをまた布団の中に持って行く、ということで表現できませんかと監督に提案したんです。が、その私の思いつきは、記録さんの強引な反対にあって実現しませんでした。東宝映画なのに行儀が悪いって言われたんです。

——もはや七〇年代半ばも過ぎて、みんなそういう感覚でもなかったでしょうに、さすが東宝撮影所のスタッフですね。

それなら煙草を喫うのはどうなんでしょう。あの映画のせいで、私はヘビースモーカーになっちゃった。いつもいつもこうやって喫ってるシーンがあって。もう休憩でも本番でも喫っていた。

——それまでは喫ってたんですか。

喫ってましたけど、そこまでは……。もはや天下堂々みたいな（笑）。釧路の喫茶店で田中健くんとしゃべってるシーンも、ずっと煙草喫ったりしてるんですよね。またあれが東欧のチェコスロヴァキアのカフェみたいな雰囲気でいいんですよね。それに『挽歌』のあの怜子の役に対しては、自分が解放できました。

——そのチェコスロヴァキアで思い出したんですが、原作に出てくるフランス語のママンとかコキュとか、ああいう釧路の文学少女の妄想力みたいな（笑）言葉や世界観が、七〇年代の普通の日常のなかで普通に成立するというのは、やっぱり秋吉さんの文学少女としてのバックグラウンドがあるからであって、例えばあれを、誰とは言わないですけど、他の女優さんがやってもちょっと板につかない感じだったと思うんですよ。

なるほど。

——原作を読んでいたので、まさか今どきママンとかコキュはやらないんだろうと思ったんですよ。そしたら、ちゃんと秋吉さん、コキュとか言っているので（笑）。あれ、やるんだ、でもあながち悪くないぞと（笑）。

でも、あれ日本語にしてもよかったかもしれませんね。

——まあ、解説してましたからね。「コキュ、寝取られ男」って（笑）。

「何だよ、寝取られ男」がよかったのかな。でも私の中では疑問がなかったんですよ。

——いや、自然でしたよね。でも、やっぱりああいう小説書いてる人がやってるからでしょうね。秋吉さんはそのまま本当に怜子みたいでした。逆にかつての久我美子さんの怜子は、割と普通のお嬢さんに見えて、もうちょっと文学臭があったらなと思って観ていました。『挽歌』の時の河崎監督はどんな感じだったんですか。

心を許せる方という感じ。おおらかで、お育ちがいい方のような感じがしました。そして何より、私に対して先入観を持たれてないっていう感じがありがたかった。野村監督もそういうものがなかった。その後の柳町（光男）監督に至るまで、みなさん人間対人間っていう感じで付き合ってくださった。何か当時の監督やスタッフって、今よりみんなもっとおおらかでのびのびされていました。河崎さんも紳士で、先入観やコンプレックスがなく、穏やかな明るい方でしたね。

――当時『挽歌』で河崎監督が秋吉さんと組んだと聞いて楽しみだったのは、その前に片平なぎさ主演の『青い山脈』という作品で監督デビューされていたんですね。おいおい七〇年代半ばに『青い山脈』かよ、と激しい時代とのズレを感じつつ、でも律義に観に行ったのですが、これがなかなか瑞々しい文体の作品で、まさに河崎監督の育ちのよさがにじみ出ていたんですね。

『おとうと』ロケにて。

そうそう、あの時代の東宝はそうでした。実は『挽歌』という企画もそうだし、私の出た『あにいもうと』もそうだし。

――でも、そのアナクロな印象にめげず観てみると、どれもけっこういい映画なんですよ。それで『挽歌』も楽しみだったのですが、一点不安だったのは、当時『華麗なる一族』『不毛地帯』などで重たい役ばかりを受けては目をむいて力演されている仲代さんに、この文学少女によろめいてしまう寝取られ男が似合うのだろうかということでした（笑）。

仲代さんは、当時そういう大作、問題作みたいなのばかりに出ていたので、ちょっと軽やかな青春物にも出たいと思ったんじゃないでしょうか。だから、仲代さんも、とても撮影を楽しんでいましたね。

――仲代さんはとても敬愛する俳優さんなんですが、シリアスに力が入った舞台上とは違う、オフステージの姿を間近で見ると、軽やかでユーモアたっぷりで。そちらの仲代さんのほうが好きなんです。ところで、そんないい雰囲気で作られた『挽歌』を秋吉さんは「自分の金字塔」とさえおっしゃるのですが、その最たる理由はなんでしょう。

確かに私を代表するアイコンとしては『赤ちょうちん』『妹』『バージンブルース』があって、『十六歳の戦争』も女優らしさを身につけたモニュメンタルな作品ではあるんですが、自分の中で、気持ちが凄く充実して、自然に力を出せたと思うのは、実は『挽歌』です。縛りがないぶん、自由に自分が、自分自身に対してもっと課すものはないかとか、いろんなことを充実して考えられた。そんなことは初めての経験でした。

――なるほど。それは監督が秋吉さんを信じているということでもありますね。

それまではまず何か作品の求める枠や縛りがあって、そこで自分のエネルギーを抑えられつつ、でも負けずに発散して、何とか着地するというのが演技だと思っていた。それが、こんなに解放されるんだという、初めての演技する喜び。自分のエネルギーをこのまま出していいんだ、というのは初めてのことでした。もしかしたら一生で最初で最後かもしれない。

――確かに俳優というのは決して自由に、自在にできる仕事ではないんですよね。みんなはそう思っていないかもしれないけれど。

そう思います。こんなにエネルギーを、いろんなハードルによって止められたり、押さえつけられたりせずに出せるっていうのは、めったにないことです。

――しかし、そういうものはそこはかとなく作品ににじみ出るものですね。『挽歌』には、そういう好ましさが溢れています。

あれは確かに絶好調の、いい時期でした。

――『挽歌』は私も公開初日に観てとても澄明な文体のいい作品だと思ったのですが、パキさんの三部作がとてもユニークな作風で高い評価を得ていたのに対して、沢田研二主演の『パリの哀愁』と二本立でやや地味に公開されて残念でした。

本当に伸びやかに、自然体で力をそのまま出せたんです。そういう意味では河崎義祐監督にはとても感謝してるんです。演技というものは、まずは芸能というジャンルの中で、いろいろな思惑があって、まずそれを乗り越えなければいけない。乗り越えたうえでそこから先が初めて演技であったりするんですが、この作品の場合、最初から心のままに演技をさせてもらった。そういう意味では人生の中でもあの撮影の一か月はすばらしかった。望んでも誰しもが与えられることではないと思います。

銀座シネパトス「秋吉久美子映画祭」('10)フライヤー。

『さらば夏の光よ』と郷ひろみの男気

――そしてこの七六年から七七年にかけては快進撃が続きまして、ここから松竹の山根成之監督の三部作『さらば夏の光よ』『パーマネントブルー　真夏の恋』『突然、嵐のように』です。この後に同じく郷ひろみさん共演、山根監督の『ワニと鸚鵡とおっとせい』という群像コメディもありますが、これはちょっと毛色が違うので、とりあえずくだんの三本を秋吉さん主演の山根監督三部作としておこうと思います。

郷さんも、ジュリーのように非常にまじめな人でした。もう言っちゃってもかまわないと思いますが、『さらば夏の光よ』は郷さんがラブシーンをやる初めての映画だったんですね。すると本番のセットのラブシーンのリハーサル前に、ラブシーンの内部打ち合わせが設けられたんです。要するに、現場でおたおたしないために、ということですね。それで郷さんのお部屋に呼ばれると、当時大スタアですから、運転手さんやバンマスやお付きのマネージャーとか六、七人もいるんですよ。そのみんなの前で、ホンのとおり通しました。忙しいアイドルだから、撮影所に行ってすぐラブシーンをやらなきゃいけない時にもたもたしてはいけないからと、読み合わせ兼みたいな感じでお昼休み行ってラブシーンの予習をやった思い出があります。そういうことひとつとっても、非常にまじめな人なんだなって。

――それはまたいいお話ですね。

私ってヘンじゃないですか？　巷で凄くわがままだとか勝手だとか言われる割には、相手役の指示にちゃんと従って、「ハイ、やりましょう」ってところはあるんです。

――わがままどころか親切な方ですよね（笑）。

控え室で二人であぁだこうだと抱擁を練習してるのを、六、七人が囲んで見てるんですからね（笑）。

――面白すぎますね。でも、その後はもう郷さんのラブシーンの予習はなかったんですか。

その後は大丈夫。いつもとにかくまじめで、凄く気骨のある方。根っからスタアなんだなあ、と感心しました。それに郷さん偉いなと思ったのは、あの時代アイドルって、イメージがとても大事だったんだけど、『さらば夏の光よ』で少年刑務所から出て来て坊主頭になってるシーンがあったんですよね。するど、アイドルなのにバシッと坊主で来ました。それって、役者だったらともかく当時のアイドルがやるっていうのは大変なことだったんですよ。

――特に秋吉さんと共演した山根作品で、郷さんの役者としての株は急上昇しましたからね。アイドル

松竹映画『パーマネントブルー 真夏の恋』('76)今治ロケにて。最前列、秋吉の左が山根成之監督、右が佐藤佑介。

歌手としてはかわいいルックスで、ユニセックス的なソフトな感じで売っていたのに、「え？ 演技ではこんなに男気を感じさせる人なんだ」と評論家や記者も唸ってましたから。

やっぱり丹念なところは丹念、気をつけるところは気をつける、リハーサル前のリハーサルも相手役を呼んでまでしてちゃんとやる。そういう細かいこともやったうえで、大胆なところは本当にちゃんと大胆でしたよね。興味深かったのは、家族ぐるみなところです。郷さんのお父さんがいい方なんですよ。

――国鉄で助役をなさっていたお父さんですか。

そう。このお父さんがとても嬉しそうにニコニコ現場を見ていて、それも印象的でしたね。お母さんや妹さんもロケに現れたりして、ああ家族仲よしなんだなあと感じました。

――いいご家庭なんですね。ところで山根監督はどういう感じだったんですか。

山根さんは、あっさりした方ですね。ものすごく聡明な方で、一日ぶんのコンテはもうパーッと出来ちゃってるって感じ。だから、これも撮っておこうかとか、どっちにしようかといった迷いは一切ないの。どちらかというと理数系みたいな方で、とにかく仕事が早い。パキさんみたいに午前中いっぱいひらめきがくるまで待つとか、そういうことは一切ない。もう朝いちから全部コンテが決まってて、パッパッパッと撮って行って、五時には終わるという感じです。

――その企業内監督としての裁きと品質感が認められて、忙しいトップアイドルの仕事を次々と任せられていたんですね。でも、それだからこその鮮度感はありましたね。しかし、『さらば夏の光よ』で秋吉さんと結ばれながら悲しい死を遂げる野呂ちゃんに扮した川口厚さんはとても印象的でしたが、残念ながら二〇〇八年に五十七歳で亡くなってしまいましたね。

厚くんは、あれが最後の映画だったんです。

――川口松太郎さんと三益愛子さんの三男でしたが、その後は芸能一家の川口家でマネージャーに転じられたんですね。

あの映画ではもっと三人の若者の人間関係を掘り下げたい、そういう演技を深めたいという気持ちがあったので、そういう意味では撮影がパッパッと進んでしまうところにやや不満もあったんですよ。それを告げたら、厚くんが「これは僕の最後の映画だから絶対最後まで一所懸命やってほしい」って私に言ったんです。

――あの映画の役の人となりとダブりますね。

「僕はこれで役者やめるから、最後の作品だから、そのためにも一所懸命やってください」「え、そうなの？　わかりました」って。役者同士がちゃんとそういうことを言い合う時代でした。確かに何年かたったら、厚くんがどなたかのマネージャーになっていた。その後どうしたのかなあと思いながら、会うこともありませんでした。とってもいい人で、今考えたら、厚くんと結婚してもよかったかも（笑）。大船から都内まで車で送ってもらったりもしました。

――秋吉さん、郷さん、川口さんの微妙な三角関係、ライバルじゃなくて思いやりで動いてゆく三角関係が凄くいいんですよね。そのよさの理由が今日のお話でわかります。そして次の『パーマネントブルー真夏の恋』も、静かに公開されましたが思いの小箱のような素敵な作品でした。

これは郷さんではなくて佐藤佑介君が相手役ですね。これも撮るのが速かったんですよ。

――佐藤佑介さんはＣＭやドラマでけっこう流行っていた人気の美少年でしたが、どんな感じだったんですか。

佐藤佑介君ともピュアというか、凄く素直な関係でしたね。

フジテレビのドラマ『下町のおんな 風子』（'78〜'79）の海外ロケにて。

――あれ、ほとんどロケで撮ってますよね。

そうです。岡田英次さんとか、実力派のスタアも出ているんですよね。あれは港町に逃亡してきた過激派の女子大生である私を、地元の少年の佑介君が好きになってしまって秘密の小島に逃避行する話。何となく『禁じられた恋の島』みたいでいいですよね。役柄からすると、佑介君はきれい過ぎる。岡田英次さんもきれいで、エキゾチックな漁港の親子です。

――当時観ていても、びっくりするくらいシンプルで抒情的な作品でした。

今思うと、もうちょっとラブシーンがあってもよかったのかなぁ。『禁じられた恋の島』だったら。

――当時も『さらば夏の光よ』は凄く評価されて賞の対象などにもなりましたが、そんなに注目されなかった『挽歌』『パーマネントブルー 真夏の恋』を熱心に支持する映画ファンはけっこういましたね。秋吉さんは過激派の闘士みたいな役だったんですけど、それは秋吉さん的にはどうだったんですか。

合ってないですよね。

――やっぱりそうですか（笑）。

だいたい誰が見ても、この顔が過激派に見えないぞ、みたいな（爆笑）。

――そういう闘争みたいなわかりやすいアクションをあえて避けて回っている、闘争より逃走みたいな秋吉さんのあり方に痺れていたので、活動家の秋吉さんにはちょっと違和感がありましたね。と言っても、そういうシーンが出てくるわけでもなし、全体がメルヘンみたいなものなので、そこまで気になったというわけでもないんですが。

左翼暴力主義のリーダーとして官憲に捕まっちゃうんですよね、こんな顔なのに（笑）内ゲバで殺したとかじゃなくて、恋人とけんかして、思わず棒で殴っちゃっ

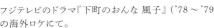

たら相手が死んじゃったぐらいでよかったんじゃないのかな。過失致死で。

――そうですね。時代の空気としても、もうそっちだったと思いますね。過失致死の罪らしき『妹』のねりの延長みたいな感じがいいのかなと。

でも、胸の張り方とか細かいところで過激派っぽく見える努力はしたんですよ。ただ顔つきが足りなかった（笑）。佑介君もしっかりした人で、いつも何かよく考えてた。私の演技に締まりがないって言われたし（笑）。

――そんなことを言われたんですか（笑）。

もうちょっとビシッとしなさいとか（笑）。

――確かに佐藤さんは、とてもフェミニンな顔をしてるけど、演技はビシッと好男子ですよね。男の子としてそういう雰囲気を理想としているところもあったんでしょうね。

――しかしこの『パーマネントブルー　真夏の恋』もかなりタイトな撮影スケジュールだったようですね。ラストで少年がボートを燃やす大切なシーンも、アメリカの夜（擬似夜景）で撮っちゃうくらい。

――『パーマネントブルー　真夏の恋』は、確かに最後の山場の海のシーンがそうでしたね。

私もあのハードな『バージンブルース』なんかに比べたら全く疲れてなかったし、それは山根さんのおかげですが……。だから、あと一時間待ったら暗くなるのに……と思いました。

――でもツブシ（露出やフィルターによる擬似夜景撮影）で行け、となるんですね。早く飲みたかったのかな（笑）。

とにかくパーッと撮りたいんですよ。せっかち？

――でもその遮二無二やっちゃう勢いが、逆にいいリズムを生んでいるところもあるわけですが。そして、翌七七年の山根作品『突然、嵐のように』では、ふたたび郷ひろみさんと組みますね。この映画も急いで

『下町のおんな 風子』海外ロケにて。杉村春子、柴俊夫と。

作られたムードがありますが、きびきびとしたスリムな青春メロドラマでいい作品になっていました。今思うとなぜかやっぱり郷さんと私、この二人は合ってますよね。とても雰囲気が合っている。

——この作品の、本当は好き合っているのに運命のいたずらで引き離されてゆく秋吉さんと郷さんのカップルの悲痛さが本当によかった。

やっぱり郷さんと私のニュアンスが揃ってたのかな。二人とも、今観るとかわいい。素朴で、ちょっと田舎っぽいところがありますね。この皮膚感の素朴さが観る人に伝わるというか……。

——この『突然、嵐のように』の脚本は『赤ちょうちん』と同じ中島丈博さんですが、もともとは片岡義男さんの『彼のオートバイ、彼女の島』を映画化するということで準備していたのに角川書店の意向で急にNGとなって、なんとインの半月前にこの中島さんの脚本に切り替えて撮影に入った、という大変な突貫工事のたまものなんですね。

本当に忙しかったのは覚えていますね。その脚本は日活の『赤ちょうちん』『妹』の流れで準備されていたのでしたっけ。

——いわゆる四畳半フォークシリーズということで、かぐや姫ではなくて、風の「22才の別れ」をタイトルにしていたはずです。だから『突然、嵐のように』はその時の現場の状況そのままであると（笑）。

そうなった時、逆にこっちも小細工とか悪知恵とか、変にお芝居しようと思わないで撮って行かれるのは、悪いことではないのかもしれませんね。リハーサル一回で本番一回と、リハーサル一〇〇回で本番一〇〇回の場合、結果は変わらなかったりする。もちろん、郷さんもそこまで準備をするくらいだからかなり本気です。一所懸命本気でやってるんだけど、超アイドルなので時間もない。終わった後に、グラビア撮影もあれば、「夜のヒットスタジオ」なんかにも行かなきゃいけないんですものね。そういう中で映画を撮るとすると、山根さんのように迷いなくばんばん撮る感じの方が最良ですよね。

――そういう裁量も含めて、逆に映画がむだなくスリムに締まった感じになってますね。パキさんとは全く違う味わいですが。

パキさんは、もっと自由自在で含み多い変化球。山根さんはむしろパキパキしてて鮮やかでフレッシュなストレート（笑）。もしかすると山根さんは、演技がよいか悪いかということにあまり興味はないのかもしれない。

――公開当時、パキさんの作品の秋吉さんを観ていると、すごくアクチュアルで浮遊している感じがしたんですけど、山根さんの描く秋吉さんはやや古風な感じがして、それはそれでまたよかったんです。パキさんの描く場合と違う、直球の清新さがあって。

日活のパキさんの作品は、いかにもシラケ世代の若者なんだけど、松竹の山根さんの映画に出て来るこの若者たちってひたむきなんですよね。パキさんの作品はもちろんだけど、山根作品の郷さんと秋吉は、思ったよりもずっと注目されたんですよね。案外ホイホイと軽快に撮ってるようで、山根さんの作品は妙に重みが出たり、どろっと見えたりするところがありますね。

――そう。決して短期間で即製しているからといって、お茶漬けさらさらではないですよね。何か鮮やかでフレッシュでした。鮮やかと言えば、山根監督がいつもちょっとユニークなくらい鮮やかなお召し物だったことを聞きましたが。

いつも真っ黄色なんですよね（笑）。しかもいわゆる工事現場の黄色みたいなアメリカンな黄色じゃなくて、レモンイエローなんですよね。私、そこにすごく違和感があったんですけど（笑）。

――現場でそれは、けっこうすごくないですか（笑）。

『下町のおんな 風子』海外ロケにて。杉村春子、大村崑、柴俊夫と。

たとえば下が山吹に近い黄色で、上がクリーム色に近い黄色ならわかるんだけど、全部がレモンイエローだったりするんですよ（爆笑）。

——それはどこで買ってくるんですか。

わからないんですけど、とにかく山根さんは黄色を着てると落ち着くらしいんです。だから、黄色のグラデーションでおしゃれに見せるとかいうことではなくて、全身黄色でありさえすればいいって言うんですよ。やっぱり山根さんもヘンだったんでしょうか（笑）。

——実は色彩のことで言うと、山根さんは鈴木清順が大好きなんですよね。

そうなんですか。

——鈴木清順って、真っ赤になったり、真っ黄になったり色彩がかぶくじゃないですか。山根さんの色彩感覚の好みがそこなんじゃないでしょうか。

でも、レモンイエローですよ。全身レモンイエローを着るなんて難しくないですか、フロリダの引退した白人しか（笑）。あるいは『死亡遊戯』のブルース・リーぐらいか（爆笑）似合うのは。

——そうですね（笑）。でも、作っていた映画もちょっと色彩感覚が不思議で、けっこう随所清順調ですからね。秋吉さんの作品でもちょっと劇画チックにポップな色を使っているところがあって。

『あにいもうと』の試練

——そして山根三部作の間にはさまっているのが、七六年の今井正監督『あにいもうと』です。

今井正さんには感謝しています。演出の方向性としては、『挽歌』の正反対でした。大体リハーサルが三〇回前後、本番が三〇回前後。

――そんなにやるんですか。

さすが大監督で、私の生理もわかってくださってて。三回目ぐらいが一番いいっていうのがわかってるんですね。ホップ、ステップ、ジャンプで上げてって、また一回下がっちゃうみたいなことが。もともとが舞台出身じゃないのでずっと同じことをやって役を固めていくタイプではないので、監督はそういうことも知っていて、「秋吉くんはこれからですよと僕が声かけますから、それまではだいたいの感じでつかんでおいてくれればいいんです」みたいなことをおっしゃるんです。でも、何十回も本気を出さずにスタンバイしてるのも難しいんですよ。

東宝映画『あにいもうと』(’76) 撮影現場にて。
中央、秋吉の左が賀原夏子、今井正監督。右が池上季実子。

『下町のおんな 風子』スナップ。

――そもそもどのへんのレベルで演っているのかわからなくなるのではないですか。

そうなんです。そうやって忍耐だけしてると、だんだんパッションがなくなってきちゃう。パッションを失わない努力が求められますね。シンプルに言えば、殺伐とした環境にいた妹が妊娠して家に帰ってきて、それに対して妹を愛している草刈正雄さん扮する兄が苛立つというだけの話なんですけども、私の骨格や人相からして、そこになかなか迫真な感じが出ないんですね。だから、今井さんがあえていじめて、顔つきから締めてたのかも。セットで「おはようございます」と言っても、誰からも返事がありませんからね。監督が私と口をきかないので、スタッフも右へ倣えで全員ひとことも話さないんですよ。

――徹底してますね（笑）。スタッフは話してあげてもよかったんでしょうけど、監督がそうだから忖度《そんたく》で無視するんでしょうね。よく耐えられましたね。

すごいでしょ。でも、子どもの頃、化石掘りで一日中一人で山にいたから、こういうのは全く平気でした。「おはようございます」って言うと、今日も自分の声のこだまだけがセットから返ってくる。それを全く平気にふるまう。懲りてなさそうだから、もっといじめる。そんな凄まじい一か月を過ごしていました。終わった時には、なかなか完成した映画を観る気にもなれなかったんですが、後年、東京国際映画祭で上映があるというのでお呼ばれしたんですね。ところが初めて観て泣いちゃった。感動しちゃって。なんていい映画なんだ（笑）。

――今井さんのやり方は間違っていなかったと。

そんな撮影状況であっても、私はのほほんとしたかわいい顔してるんですよね。あんなに一か月追い詰めてこれか（笑）。これでは私を許容して、いい関係の中で撮ったら、もっと私はふわっとしたお気楽な顔だっただろうなと思うんです。『地獄の黙示録』でコッポラはマーティン・シーンを追い詰めましたよね。心臓が止まるくらいに。だから、後になって自分を被写体として客観的に見た時に、あれはあれでよかったんだなっていうふうに納得しました。私は作品主義なので、何があろうと結果よければすごくうれしい。もちろんどこまでが今井さんの狙いなのか、ご気分なのか、そこはわかりませんけれど、ああいう結果が残って今井監督に今は感謝しています。あの「もん」という女性は調子に乗って不良になった後、得意になって生家に戻ってくるじゃないですか。畑のなかを、都会風の格好をして。あの浅はかな感じのエネルギー、あんなにニコニコと帰ってくる感じは、当時の自分がよくやってたなあと思いますよ。あんなにいじめられていたのに（笑）。

——確かにそんな撮影の裏側があったとは思えないマイペースな雰囲気でした。

お兄ちゃんと喧嘩したり家族の中で居場所がなくてふてくされてるとか、そういうシーンには現場でのいじめ効果がうまく反映されたかもしれませんが、逆に、私はいいこととして帰ってきたんだぐらいの感じの表情は、いじめの中からはちょっと出て来ない。

——まさに天真爛漫な感じですね。

都会風のいでたちをして、どうだ、田舎もんはこんなの見たことないだろみたいな感じで帰ってきて、家族の顰蹙《ひんしゅく》を買う。ああいう笑顔って心にわだかまりがあったら出て来ないと思うんですが、何でやれたんだろう。それから、あのいでたちは、大昔だったらパンパンとか言われかねない感じですが（笑）実はケンゾーなんですよ。

——ええ？　あのドレスはケンゾーなんですか。それは秋吉さんがチョイスしたんですか。

自前です。そう言えば、まず現場で私がいじめられた原因は、衣装合わせがきっかけなんです。その時に、シナリオではシュミーズとあったんだけど、この時代にシュミーズ着てる人なんていない。例え

毎日放送のドラマ『水の中の砂漠』（'79）海外ロケにて。高橋悦史と。

ば黒のタンクトップの、そのまま下が長く伸びてるようなスウェットをイメージしたんですね。それで衣装合わせの時に、今どきはうちの中ではスリップを着ずにこういうものを着ますとか、バンバン言ったんです。すると、スタッフがみんなびっくりしちゃった。大監督になんということを、みたいな雰囲気でした。

——撮影所も黄金期は衣装部が女優さんごとに流行りのデザインで衣装を仕立ててましたけど、不振の七〇年代ともなると古びたアリモノの使い回しですからね。

こういう何十年前の衣装を着たら、何十年前の風景にしないといけませんよね、とか私が当たり前のことを主張するのも、生意気ととられました。

——当時の撮影所映画に出るアイドルさんがテレビとは違う、ちょっと微妙な服着てたりしますものね。

もちろん『野菊の墓』だったら別ですよ。明らかに大過去の設定だから。でもそう言ったら、ヘアメイクのおばさんが、みんなの前ではっきり「生意気な子だね」って（笑）。そこからいじめがありました。

——あれあれ。

でもまあ、そんなのはいいんです。意地悪されて、演技がだめになったらそこまで。意地悪されて顔が引き締まったり、いい演技ができたのなら、そのほうがお得じゃないですか。

——では、そういうのもひっくるめて、全部いいほうに作用したわけですね。やっぱりそういういちいちを善き方向に持って行く構えが大事なんでしょうね。

——これは有馬稲子さんから直接うかがったことですが、『夜の鼓』の現場で、今井監督から「これはしごきではなくていじめではないか」と思わざるを得な

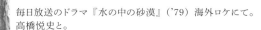

いくらいの仕打ちをされた。そんな有馬さんでも仕上がった作品を観ると、今井監督に感謝したい気持ちになるそうです。

やっぱり。私の場合は「こののほほんとしてる顔を何とかしなくちゃ」があったかも。監督やスタッフからすると「もうちょっとわかれよ」「もうちょっと追い詰めてやる」みたいな気持ちを起こさせがちだったと思いますよ。これはいじめではないんですが、そうやってリハーサルに熱が入るうちにヤクザに私が蹴飛ばされるシーンで、誤って本当に蹴りが入ってしまって骨盤剝離になって制作部の車で運ばれたりもしました。

——それはまた大変でしたね。今なら大騒ぎになるところですが。

でも、別に何も恨むこともなく。それを青春と言うんでしょうか。

——いやはやいろいろなことがあったんですね。でも、この映画を秋吉さんで行きたいというのはどなたの発想だったのでしょう。

それはプロデューサーですね。すごく据わった人物で、いろんな摩擦やトラブルが起こるのを、にこにこしながら、「いやまあ、今井正と秋吉久美子じゃこうなるよね」みたいな、非常に優雅に眺めていた。いや本当は困っていたのかな？（笑）

——草刈正雄さんも大変だったんでしょうね。

草刈さんは顔もきれいであの話し方ですからね。それで「てめえは」なんて言っても、雰囲気と嚙み合わないじゃないですか。それを今井さんがあの調子で二〇回も三〇回もテストをやって、ＯＫなところまで持って行く。草刈さんも精いっぱいだったのではないでしょうか。

——でもきっと出来上がったものを観たら。

感謝でしょう（笑）。とにかく私も自分の生来のリズムは全部抑えて、そのうえでどれだけのびのび

『水の中の砂漠』海外ロケにて。峰岸徹と。

とできるか、ということに心血を注いでいました。でも試写会には行けなくて、心配だったので内田ゆきに「どうだった？」と聞いたら、これがまた「普通の女優さんのお芝居してた」って言うんですよ。憎たらしくないですか？（笑）

——さすが内田さんですね。

全くです。「本当にあなたじゃなきゃできないものを観たいのに、あなたは普通の演技をしようとしてたわね」みたいなことを言うわけですよ。だけど、テスト三〇回、本番三〇回みたいななかで何とか自分らしさを失わずに戦っていたのに、そのプロセスのせめぎ合いなどは全く無視して「ああ、普通の女優さんのお芝居やってた」みたいなことをマネージャーが言っていいんですかね（笑）。

——しかし秋吉さんが凄いのは、ぎりぎりそういうタイミングにも間に合ったということではありますが、パキさんとか河崎さん、山根さんみたいに、当時まだ伸び盛りの監督はもとより、今井正さんや山本薩夫さんのように戦前から監督をやっている名匠まで組んでいるということですよね。そういう意味では山本薩夫監督はいかがでしたか。

素敵な人ですよ。こちらが意地張るより先に、さっと受け止めてくれるような包容力がありました。

——同じ七六年の山崎豊子原作、山本薩夫監督『不毛地帯』で、秋吉さんは元大本営参謀で戦後商社の武器商人となる、仲代達矢さんの父に反目する六〇年安保の闘士の女学生を演っていましたが、そんなにボリュームの多いご出演ではないけれどひじょうに印象的でした。

山本監督は古きよき時代の男性という感じです。芸術家肌っていうよりは、大きな企業の経営者だったりしそうな器の大きい感じ。私が自分で衣

85 8 14

85 8 14

TOTSU
PROFESSIONAL

装を選んで来ても、スタッフのほうを見て「今は女の子もこういう服着るのか。それでいいよ」みたいな感じで。

——撮影に参加した期間は短いですよね。

一日か二日か。もっと参加したかったですが、やっぱり山本薩夫さんみたいな社会派監督とつき合って行くなら、男性の俳優のほうがいいんでしょうね。

——それはどういうことですか。

つまりああいう社会派の映画では、女の人たちは主人公の妻とか事務員、秘書とか、料亭のおかみとか、そういう役まわりになっちゃいますからね。社会派の監督さんとやるんだったら、やっぱり男の人のほうがやりがいのある役が多いでしょう。ともあれ、山本薩夫さんはたとえるならオーケストラの指揮者みたいな器の大きさがありました。

——今井監督もそうですが山本監督は共産党系の闘士ですよね。でも映画には間口の広い娯楽性があって、メロドラマもあればサスペンスもエロスもふんだんで〝赤いセシル・B・デミル〟とあだ名されました。

『八甲田山』から『の・ようなもの』までの振れ幅

——翌七七年の森谷司郎監督『八甲田山』は、明治の陸軍が対露戦争に備えて行った雪中行軍でとんでもない数の遭難者が出た実話に基づくオールスタア大作で大ヒットを飛ばしました。これについてはオーチャードホールのシネマ・コンサートでも秋吉さんと北大路欣也さんにお話を伺ったり、〈午前十時の映画祭〉でご一緒にトークさせていただいたり……。

散々お話ししましたね。やはり最も印象的だったのは、あれほど苛酷な冬の八甲田山でロケしながら、

東宝映画『八甲田山』（'77）の八甲田山ロケ現場にて。

森谷司郎監督と木村大作キャメラマンが少年のようにいきいきとお仕事されていたということ。そもそも酸ヶ湯温泉のベースから、ロケ地まで雪道を歩くと二時間くらいかかるんです。そこでさらに何時間も吹雪待ち（笑）。

——雪中行軍をする兵隊さんのキャストには脱走者も出たそうですし、最初は物見高く百七十人くらい参加していた地元のエキストラも、辛すぎてばかばかしくなって撮影後半は相当数がいなくなったそうです。

私は高倉健さんの部隊の案内人で村娘の「さわ」という役でしたから、寒いなか吹雪待ちをしていても、ちょっと前に踏み出すわけにもいかない。案内人の前に道はないんですから、私の前に足跡が出来てはまずいですからね。それでやることもなくてしんどいから、同じ場所を踏みしめながら、いろんな歌を唄ってた。すると、いつも自然体の健さんが「元気ですね。寒くないですか」とおっしゃるので「寒いですよ」と言ったら、「寒くなくなるヒミツのものがあるんですよ」と水筒のブランデーを少しくださったんです。健さんは一般にはお酒は召しあがらないことになっていたと思いますが、さすがにあの寒さなのでお持ちだったのでしょうか。

——健さんの優しい心遣いで寒さもやわらぎましたか。

いえそれが寒くなくなると言うよりは頭のなかだけグワーッとほてる感じで。寒い上に酔っぱらうわの二重苦で「もうやめて〜」って感じでした（爆笑）。でもいくら寒くても撮影が根本的に辛いとは全く思わなかった。

——それはやはりスタッフのやる気にほだされて、ということですか。

森谷監督と木村キャメラマン、この錚々たる二人が、いい撮影ポジションを探して胸までつかる雪のなかを走って行くんですよ。「監督、ここどうですか？」「大ちゃん、こっちだよ」って。こんな純粋なヴァイブレーションのなかにいたら、寒いとかそういうことは問題になりません。

――しかし全体として硬派な男たちのドラマ、そして重苦しい行軍の悲劇を描く物語で息が詰まる感じなのですが、そんななか、高倉健さんの部隊が自分たちを無事に導いてくれた秋吉さんの案内人を敬礼をもって見送る場面は、本当に唯一心なごむ麗しいシーンでしたね。木村キャメラマンの望遠の画も芥川也寸志さんの音楽も、秋吉さんのナチュラルな演技をたおやかに盛り上げていました。

森谷監督は早く亡くなってしまってさびしいですね。木村大作さんは花形キャメラマンからついに監督もなさるようになってお元気で何よりです。

――七七年は続いて秋公開の岡本喜八監督『姿三四郎』でヒロインの乙美を演じています。

あの作品はとにかく三浦友和さんがまばゆいばかりに美しかった、ということに尽きますね。ふつう仕事に入ったら職業意識がはたらくので、一緒にやっている男優さんや女優さんに「きれいだなあ」と見とれたりなんかしませんよね。でもあの時の友和さんは本当に美しかった。

――そういえばこの『姿三四郎』も『青葉繁れる』『八甲田山』に続いて木村大作キャメラマンが担当されています。

木村さんがとてもニコニコ機嫌よく仕事されていたのは覚えていますね。

――この『姿三四郎』の後、山根成之監督の松竹映画『ワニと鸚鵡とおっとせい』に出演されてからは、純然たる劇映画への出演となると四年くらいブランクがあるんですね。秋吉さんは当時テレビドラマやCM、グラビアにも引っ張りだこでしたから意外にそんな気がしなかったのですが、このブランクは何か理由があったんですか。

NHKホール『八甲田山』シネマ・コンサート（'19）ロビーにて。撮影の木村大作と。

私がデビューした頃の映画界はどんどん縮小とか合理化に向かって行っていました。撮影所の敷地を売ったり、制作部門を切り離したり。その大変窮屈な空気のなかでスタッフもキャストも自由に理想や希望を言い合えないムードみたいな感じがあった。日活だって、昔からの演技課や衣装部、メイク室の建物がマンションになっちゃった。東映の大泉だって、敷地が半分くらいになったでしょう。それまでは街のオープンセットもあったのに。スタッフのリストラの緊張感もあった。私はそういう状況のなかでいろいろ主張していじめられたり、「生意気だね、この子は」なんて言われたりしながらも突っ張っていた。そんな私が大人になっちゃったというか、なぜ皆さんがそういうふうにならなきゃいけないのかを大人として悟ってきちゃったんですね。するとさすがにちょっと悲しくなっちゃって（笑）。見えることによって、エネルギーが萎えちゃったんですよ。みんなそれぞれ事情があるんだ、みたいな。そうしたら、自分で勝手にめげちゃって、悲しくなってちょっと映画から遠ざかっていようかなと思ってしまった。それでいきなりこの四年のブランクなんですよ。

――まさかのそんな心境だったのですね。そして八〇年に突如アニメ映画『地球《テラ》へ…』の吹き替えを担当されます。これはどういういきさつだったんですか。

実は監督が恩地日出夫さんなんですが、声優というのもやってみたかったんですよ。でもいわゆるアニメ声優的な、大げさに張った感じの演技は無理だなあと思ったら、恩地さんが「職業的声優みたいなことではなく本人の味を出していい」ということだったのでお引き受けしました。そしてなんと私はアニメ雑誌か何かの声優部門でこの年の二位になったんですよ（笑）。

――それは快挙ですね。しかもこの映画は沖雅也さんや薬師丸ひろ子さんも声の出演をしていました。

私は新人類ミュウの占い師フィシスという役。最近も海外の人気ドラマの吹き替えをオファーされたのですが、その時はいわゆる吹き替え声優スキルを求められて、『地球へ…』とは全く違いました。

——いわゆるプロの声優ではない女優さんを起用する際は、むしろ地でやってもらったほうが面白いと思いますけれど。続いて実質四年ぶりに出演されたのが、森田芳光監督の商業映画デビュー作『の・ようなもの』ですね。これはほとんどローバジェットの自主映画のような作品で、さまざまな噺家さんや芸人さんは出ていましたが、メインキャストは新人ばかりなので秋吉さんの出演にはちょっとびっくりしました。

これは内田ゆきが、「クミコちゃん、これならどう?」って持って来た企画なんですね。今まで八ミリの映画を撮っていた新人監督で、ホンも面白いし、役もいわゆるソープ嬢で面白いし。

——あの生活感がなくて、ちょっと知的でおしゃれなソープ嬢のエリザベスというキャラクター設定がよかったですね。

ソープ嬢っていっても、今村昌平さんの映画に出てきそうなリアルなタイプじゃなくて(笑)。森田芳光さんの追悼で樋口さんとご一緒に観直しましたよね。あの時、エリザベスってかわいそうだな、主人公の落ちこぼれ落語家志望の志ん魚《とと》ってひどい男だなと思った。エリザベスって何かすごく知的で、何でもはいはいって流してるようで、自分の悲しみはそっと胸に秘めて、行動は潔い。本当にいい人で悲しい人だなとしみじみ感じた。対する志ん魚は大してもてるふうでもないくせにひどい男だなと(笑)。

——無頓着だし、自分勝手だし、でも悪意はないから手に負えない。ああいうタイプが意図せずして最も食わせ者かもしれない(笑)。そのへんの雰囲気が、まだ素人同然の伊藤克信さんのちょっとぶっきらぼうな演技に妙に合っていた。

今観てもいい映画なんですよ。いや、今のほうがちゃんとよさがわかるかも。公開の時はちょっと実験映画ふうに見え過ぎたかもしれない。

『水の中の砂漠』（'79）海外ロケにて。峰岸徹と。

——私は森田監督の『水蒸気急行』とか『ライブイン茅ケ崎』といった八ミリ作品も観ていましたから、そんなに違和感はなかったのですが、あのタッチにとまどっている観客も多かったですね。

だけど、今、観たら〝映画の・ようなもの〟ではない、ちゃんとした映画なんですよね。団地のシーンなんかも当時は少し長いかなと思ったんですが、今だと別にちょうどいい。

——撮影の時に、森田監督について覚えていることありますか。

ある時、森田さんに「秋吉さん、もっと僕を尊敬してください。高校生役のたくさんの女の子たちが、最初は監督、監督と敬ってくれていたのに、あなたの態度を見て、僕をあんまり尊敬しなくなってきた」って（笑）。私はパキさんとか山本薩夫さんとか、そういう監督ばかりを見てきたのでうかつにも気づかなかったんですが、森田さんはもっとずっとデリケートな人だし、最初の商業映画で不安もいっぱいあったはずなんです。

——森田監督が後に自伝的な本で、とにかく何から何まで初めてだったので誰にもなめられまいと細心の注意を払ったことを書いていましたね。

しかもそのことを私が、そんなにたいしたこととも思わず週刊誌の森田さんとの対談で言っちゃったもので、たぶん森田さんはそれから私のこと嫌いになっちゃったのかも？　『家族ゲーム』とか『それから』とか、何か演《や》れたかもしれないのに、私ってそうやって墓穴を掘り続けているのね。森田さんは才能豊かな素晴らしい監督なのに、損しちゃった。

——そして次は八一年の『冒険者カミカゼ』。これまた従来の秋吉さんにはない（笑）アクション物。

かなりないパターンですよね。ところが『冒険者カミカゼ』の終盤と八二年公開

『水の中の砂漠』海外ロケにて。

の『さらば愛しき大地』の序盤の撮影がカブッていたんですよ。なんと茨城と京都を行ったり来たりしていました。

――そんなスケジュールでも演《や》ってみようと思ったからには、『冒険者カミカゼ』はけっこう面白そうだぞと思ったわけですね。

ところがそこまでしてなぜこれをやったのか、ちょっと今はわからないんですね（笑）。そういうことが、デビューの頃から普通でした。

――映っている画面の中では、めちゃくちゃ楽しそうです。『操行ゼロ』（ジャン・ヴィゴ）みたいに羽毛のなかで秋吉さんと千葉真一さんと真田広之さんがはしゃいでじゃれてるところなんか凄く楽しそうですよね（笑）。

楽しそうなのに、アクション映画なので馬に乗るシーンがあったりして、あざだらけだったんですよ。一方の『さらば愛しき大地』でラブシーンがあったので、あざを隠すのが大変でした。

――本当にまるっきりカブッていたんですね。それにしてもよく、『冒険者カミカゼ』のあの軽やかで明るいヒロインと『さらば愛しき大地』の陰々滅々たるダークヒロインを両方いっぺんに演れましたね（笑）。ところで『冒険者カミカゼ』は、演出的にはどうだったのですか。

たとえば柳町光男監督も河崎義祐監督も、役者を動かす時には、自分のコンテにのっとってちゃんと俳優の動線を作ってから、お芝居の細部は任せるというパターンですよね。だから、凄く安心感があったし、放り出された感はなくて、お芝居も尊重してくれて、ちゃんと意見も言ってくれて理想的だった。でも、『冒険者カミカゼ』は全く違う分野で、監督の鷹森立一さんはアクションの監督なんです。スタッフのつけたあだ名が、「竹垣」。というのも、当日渡される台本が二ミリぐらいずつ細かくカット割りされているんですよ。リズム感を出すためです。ワンシーンのカット数がめちゃくちゃ多い。

『水の中の砂漠』海外ロケにて。

――私も久しぶりに再見したら、凄くカット数多かったですね。あれはどんな感じで撮っていたんですか。

もうスタッフ泣かせ（笑）。カット数がそれはそれは細かくて。あのてきぱきした山根成之さんのもっと細かい版ですね。でも現場は凄く愉しかった。鷹森さんも、男っぽい東映の監督らしい、スパッとした仕事っぷりで、穏やかで、怒鳴ったりもしないいし。いい感じの方でした。宣伝のイベントでマスコミ用にグライダーに乗せられたのがコワかった（笑）。当たり前ですけど、下が見えたまま空高く舞い上がるんですよ。

――秋吉さんは「アクションスターに悪い人はいない」と力説しておられましたが、当時まだ二十歳くらいの真田広之さんはどんな印象だったのですか。

真田さんは身体能力も礼節も、神の子でした。やっぱり普通の人と違うなと思ったのは、崖から飛び降りるシーンで、普段は非常に穏やかで好青年の彼がなんですけど、とびきりハイになったんです。いつもと違う。顔から体から、喜びがあふれ出てるんです！　アクションが本当に大好きなんですね。

――アクション脳なんですね。そういう才能の方は脳が独特な発達をしていると言いますものね。

それは志穂美悦子さんも一緒ですね。歌舞伎町のコマ劇場でＪＡＣ（ジャパン・アクション・クラブ〈現・ジャパンアクションエンタープライズ〉）がお芝居をやった時に、やはり宣伝でコマ劇場の上からＪＡＣのみんなが飛び降りるというデモンストレーションがあった。それで「クミちゃん、見に行かない？　みんなが飛び降りるから」って言うから、一緒に見に行ったんですよ。そうしたら、見ているうちにうずうずしたのか、「クミちゃん、ワタシちょっと行ってくるわ」って言って（笑）、悦ちゃんまで関係ないのに飛び降りちゃったの（笑）。

フジテレビのドラマ『妻は霧のなかで』('80)セットにて。木暮実千代と。

――そういう種族なんですね（笑）。しかも真田さんが大変ジェントルと聞きました。ロケに行って夜ご飯の時間になると、真田さんはスタッフ全員に一人ももらさずお酒をついで回ってました。そこまでやらずともと思いもしましたけれど、何においてもやっぱり神だなあという感じでした。

――そしてこの痛快アクション映画とは何もかもが違う『さらば愛しき大地』で、秋吉さんはまるで違う役へのアプローチをされていたんですね。

『さらば愛しき大地』での跳躍

確かに全然違いますものね。『さらば愛しき大地』では、現場近くの衣料店で衣装用に四八〇円のシュミーズを買ったり、胸に合ってないブラジャー買ったり、縫製の悪いパンティを買ったり、変なブラウス買ったりして、着々と「順子」の役づくりをしていました。

――『さらば愛しき大地』のロケ地は鹿島でしたが、ああいう開発の波にさらされている風景って映画でいい味を出すんですよね。

現場のヘアメイクさんが言ってた。「ああ、もうやだ。焼肉屋にまでカラオケがついている！」って（笑）。

――そういうちょっともやもやした猥雑な感じがよく出ていますよね。

いや、もうすごい、文化果つる場所か？　とひしひし感じました。焼肉屋で食べてても誰かがカラオケ歌ってる。そういう舞台にあって柳町さんの人物ひとりひとりの描き方が本当に素晴らしい。たとえちょっとしか出ていない役でも、人間が浮かび上がる。妙に心にひっかかる。

『ポーツマスの旗』（'81）ロケにて。
田中健、長塚京三と。

――これは撮影が田村正毅さんですね。撮影の流れはどんな感じなのでしょう。

私たちが一回お芝居を見せます。その後、柳町さんが田村さんと話し合って、自分のコンテがお芝居に合ってるのか合ってないのか相談しながら、ジグソーパズルのジグソーを調整する。それで最終的な画角が決まったりするまでに、割と約一時間ぐらいあるんですよ。それが私の睡眠時間だったんです。というのも、あの撮影中の私は、夜、寝てなかったんです。あまりにも私って苦労が顔に出ないタイプだから、ここは今井正方式で自分を追い込もうとしました（笑）。

――なんとかやつれ顔を出そうと試みたんですね。

なるべく寝ないで焼酎を飲んで、ご飯も食べないで。ちょっとすさんだ暮らしっぷりを出すためには、それがいいと思って合宿先で自主トレして追い込んでいたんです。ところが柳町さんからは「あんた主演のくせに酒ばっかり飲んでないで、早く寝なさいよ！」みたいなことを言われて「全く〜！」みたいな（笑）。

――でもあの映画の秋吉さんは常に疲れていてグルーミーでよかった。

髪もリンスをつけないようにして、パリパリ、バサバサみたいな感じにしてました。寝ていないので、一回流れでお芝居をリハーサルした後、キャメラポジションや照明が決まるまでの一時間は、隣の衣装の小部屋で、呼ばれるまで衣装に埋もれて寝てました。そんな毎日でした。

――でも、柳町監督はそんなねちっこく繰り返してやるタイプではないんですよね。

そこはちょっと山下耕作さんとも似ているんですけども、そのシーンごとの感情移入が凄いんですよ。シーンごとに監督の感受性の強さが伝わってくる。「よかった！」「もう一回！」がひとつひとつエモーショナルで、時には泣いちゃったり

（笑）。

――それは俳優さんには好まれるでしょうね。

ええ、一体感が湧きますからね。ある時、「ある種のリアリティというか、ちょっとぬるっとした体液みたいな臨場感が、僕たちのラブシーンには欠けてるんじゃないか」って根津甚八さんが言い出して、それに私は「え？　そう？　何が悪いの？」って言い返しました。

――そこはあの映画のおさまりからすると大丈夫だったと思いますが。

そこを主体にしてしまうと、ちょっとお話が見えにくくなりませんか？　だから「いいんじゃないの？」と言ったんです。

――まあ俳優さんは個人的な「やった感」というか成就感が欲しくなりますからね。

そんなラブシーンの解釈をめぐるやりとりもありましたが、根津さんとはラブシーンの予行演習もやったんです（笑）。

――それは自主練ということですか（笑）。

ラブシーンのなかで、動きと共にセリフも絡むので、「明日のラブシーンだけど」って私が根津さんに「ちょっと一応やってみない？」って声をかけて、旅館のロビイの片隅で、こうやって抱き合って、ここで上と下でこの台詞、しゃべり合いながら、最後こうするんだよねって練習してたんです。そしたら、またそれもロビイの一角だから柳町監督に見つかって叱られました（笑）。茨城弁で訛っているんですけど、「何勝手なことやってんの」って怒ってるから、「え、柳町さんも入りたいんですか」って言ったの（笑）。

――すると柳町さんは？

柳町さんって素直な方で、「じゃあ三人でやりませんか」って言ったら、じゃあこうしてこうして、

NHKドラマスペシャル『ポーツマスの旗』('81)
ロケにて。

このほうがいいんじゃないのなんて演技をつけ出して。私の中ではペアスケーティングの選手二人とコーチみたいな感じで、何かとてもいい想い出なんですね。

——そういう信頼感のあるやりとりのなかで、進化したディテールもありそうですね。

子どもを外に出すシーンで、私が「ちょっと外で遊んでらっしゃい」っていう台詞があったんですけど、どういうわけだか監督が画はそのままで台詞だけ切ってたんですよ。それが何ともよくて。私ちゃんと背中で台詞をしゃべってるじゃないって気づかされました。刺された後の最後の台詞も現場で変わったんですよ。そういう映画の生成過程にとても納得が行ったし、毎日ワクワクしてました。

——奇しくも『冒険者カミカゼ』では千葉真一さん、『さらば愛しき大地』では弟の矢吹二朗さんと共演されていたんですね。この映画の矢吹さんは根津甚八さんの弟役で、どんどん堕ちてゆく兄との対比が印象的でした。

二朗さんのほぼ最後の作品だったんです。静かな落ち着いた方でした。

——確かにこの作品が公開された八二年に引退されていますね。

昔つきあっていた二朗さんにお金の無心に行く、ダンプの前のシーンが、私的にはものすごく好きなシーンなんですよ。いわゆる演技をしないで、自分をドラマと一体化できた気がしたんです。もちろん何にもしてないわけではなく、演技はしているんだけど、演技をしていないように見える域にまで達すること。それがここまでできたんだという、あれは思わず跳べた棒高跳びみたいな経験ですね。

——それは映画俳優としては最良の瞬間ですからね。

あの映画はそういう達成感や面白味を感じたところがいろいろとあるんですね。根津さんの本妻である山口美也子さんと、留置場への差し入れで二人で座ってるときの微妙な距離感。ああいうのも何か自然とできた感じがあって、『さらば愛しき大地』は、自分の棒高跳びの記録を毎日何ミリかずつ更新してるような感覚を積み重ねる日々でした。

――実に荒涼として陰惨な映画で、配給もなかなか見つからず公開まで苦戦した作品でしたが、そういう創造的な機嫌よき雰囲気が充満しているので、観ていて不思議と気持ちのいい作品ですね。

機嫌よきと言えば、あの現場はスタッフがみんな凄く仲よしで、あんなに殺伐とした内容の映画ですけど、そのいい感じ出てますよね。宿舎では七時から夕食と決まってたんですが、撮影が終わるのはだいたい八時九時なんですね。だから帰ってくると、もうまかないの人もいなくなっちゃって、長いテーブルの上に冷たくピチャッとなった献立がただ並べてあって（笑）。それを肴に焼酎飲んだりして、みんなでわいわい騒いで、とてもいい合宿っていう感じでしたね。柳町さんと今でも映画をやれたらと思います。「老人ホーム殺人事件」みたいな（笑）。

――この後、八二年は村川透監督『凶弾』、伊藤俊也監督『誘拐報道』、中島貞夫監督『制覇』といった話題作に顔を出されていますが、いずれも花を添える助演という感じでしょうか。

このへんは基本的に緊張感を出し続ける、という役柄ですよね。自分がもうちょっと鋭角的な顔だったら、そんなに苦労しないで出来たのかもしれないけれど。そもそもずっと緊張感を保ってるというのが、秋吉久美子という女優に求められているかどうか？　本人は一所懸命演っていたし、外してもいないはずだから、特段悪く言う人もいなかったような気はしますが、あまり俳優として突っ込んだ面白さはなかったかもしれません。そういう意味では、次の『ウィークエンド・シャッフル』もちょっとナゾなんですよ。全体にちょっとカリカチュアされているんですけど、うーん、どうなのかな。ハチャメチャなブラックコメディになるのかと思ってました。

――筒井康隆原作、中村幻児監督の『ウィークエンド・シャッフル』にはユニークな不条理コメディの

MARUGENフィルム『地平線』('84)ロケにて。
時任三郎、田中美佐子と。

誕生を期待したのですが、ちょっと狙いが見えなくて、とまどうところがありました。

スラップスティック・コメディにするのかどうするのか、何かちょっとわからなかったですね。演ってる最中もよくわからなかった。どこを目がけていいかつかみ難かったけど、きれいに撮ってもらいました。普通の主婦らしくない主婦という感じで、そういう意味ではシュールだったんだけど、もしかしたら主婦らしい主婦としてやったほうがよかったのかなぁ。まだ悩みます。泉谷しげる、渡辺えり子(現・渡辺えり)、秋川リサというキャスト陣は弾けてます。えり子ちゃんはあれが最初の映画出演だったし。俳優ごとの思惑も違った気がします。

――それはどんなことですか。

たとえばレイプシーンひとつをとっても、泉谷さんはけっこうリアルに生っぽくやりたいと果敢におっしゃっていた。でも私はぐっとポップな感じにしたほうがいいのでは、と思ったんです。

――その解釈の隔たりは、ちょっと前の秋吉さんなら議論の対象にしたと思いますが。

あの時の私のバイオリズムが、まずは受け入れてから考えよう、という感じになっていましたね。もっと率直にぶつかればよかったのかな。

――でもそれは秋吉さん個人の問題というよりも、なかなか日本映画には無いタイプの映画だからスタッフ、キャスト全員が狙いをつかみかねたということですよね。もっともっと事前に話し合って、こんな感じでやりましょうという意思統一を図ればよかったんでしょうね。

――ともあれ、なかなか興味深い一本ではあります。八三年の一転して、少年隊主演のジャニーズ映画『あいつとララバイ』。これも秋吉さんは女先生の役で助演ですが、けっこう好きな作品ですね。

これはひとつ後悔が残ってるんです。最後にみんな踊って終わるんですけど、台本になかったのに、急に踊れと言われたので、お断りしたんです。準備が出来ていなかったので。

——秋吉さんはタイトルバックでもちょっと踊っててキュートでしたが。

脚本になくても、笑われてもいいから少年隊と踊るべきだった、と後で観て思いました。でも『ウィークエンド・シャッフル』で泉谷さんがどろどろ、ぬめぬめした感じにしたいとおっしゃるのを、首をかしげつつ受け入れていた私が、何でこのときにちゃんと踊らなかったんだろうという反省が『あいつとララバイ』にはありまして。秋吉だけちょっとテンポおかしいよねとか、笑っちゃうとか言われても踊るべきだった。

——これはまた撮影所の名職人で鳴らした井上梅次監督でしたね。

月丘夢路さんによる「お別れの会」に行きましたけど、頂いた小冊子に月丘さんは井上梅次監督とは「職場結婚」ですって書いてありました（笑）。

——井上梅次監督はどんなお仕事っぷりなんですか。

テレビドラマの加山雄三さん主演の『ブラック・ジャック』でもご一緒しましたけど、どんどんわが道を行くの人ですね。ある女優さんがキスをしたことがなくて、人生の初キスを演技でしないといけないというシーンで、ちょっととまどっていたら、いきなり井上監督が二人の首ねっこをつかんでバーンと（笑）。「はい、キスなんてこんなもんだよ。ヨーイ、スタート」と、そのくらいせっかちなんです。私はそれを見てしまいました。ホント、あれはかわいそうだった。

——別にスパルタというわけでもないんですね。

何か中学校の体育の先生みたいな感じの、面白い人（笑）。でもとにかく迷いがないから、スタッフには好かれるんですよ。パパッと撮ってきっかり九時五時で終わりますからね。

『地平線』（'84）ロケにて。

――『あいつとララバイ』は、そんな大それた映画ではありませんが、ひじょうに快調な娯楽作ですよね。秋吉さんもかわいく撮れていた。

じゃあもう一回観てみようかな。リズム感はある映画だったと思います。あの時、少年隊はレコードデビュー前なんですよ。映画のほうが先なんです。

『地平線』『夜汽車』の人間力

――ところで次の、大変いわくのある映画になってしまった新藤兼人監督『地平線』はどうですか。製作した丸源ビルの川本源司郎氏の意向でこの作品と市川崑監督『鹿鳴館』、小林正樹監督の遺作『食卓のない家』が上映もソフト化もできなくなっています。『地平線』は、戦前に渡米結婚した日本移民の生涯を描く力作でした。

参加したことはすばらしいことだと思うし、日本人はこういったタイプの映画を、もっとちゃんと自らの歴史とアイデンティティに向き合って撮っていくべきだと、今あらたに思うんです。そういう意味でも、それに取り組んだ新藤兼人さんは偉大です。その中で、私は移民の第二世代であっという間にアメリカに溶け込んじゃった長女の役をやったんですね。でも、なぜか長男の時任三郎さんは普通の日本語で、私だけアメリカ訛りの日本語をしゃべるのは、少しおかしいと思ったんですよ。

――確かにそうでしたね。あの意図は何だったのでしょう。

撮影初日からすぐ「監督、ちょっとこれ違和感があります」と申し上げたんです。「同じ家の中で時任さんだけ普通の日本語で、私だけがアメリカ訛りというのはおかしいですよ」と。すると「わかりました」とおっしゃるから、わかってくださったのかなと思って食堂にお昼ごはんに向かったら、後ろから追いかけてきて「秋吉さん、女優というものは一度決めたらそれを最後まで貫くものです」って。

——えええ?!

なので「はい、わかりました」と言って、それを貫きました。そうしたら、「キネマ旬報」か何かに、「秋吉の英語なまりの日本語の芝居が鼻につく」って書いてありました。ああ、やっぱりなと。でも、もうこれは自分が何と言われてもやらなきゃいけなかったんだから、仕方ないと自分をおさめました。

——新藤さんはどういう理由でそこに固執したんですかね。

ご自分のお姉さんが広島からの移民だったんですが、第二世代はぐっとアメリカ化しているだろうということを描く際に、たぶん現場に付いた二十二、三歳のトランスレーターの女子を重ねたのだと思います。まさにその子がそういうしゃべり方でした。でも彼女はサードジェネレーションなんです。私たちはセカンドジェネレーションで、うちの中ではみんな広島弁だったりする中、一人だけアメリカ訛りというのはどうなのか。

——であれば同じきょうだいの時任さんもそうでないとおかしい訳ですね。

たぶん時任さんのほうが出番が多かったし、重要な役なので、そこであまり観る側に余計な違和感を与えてはよくない。でも新藤監督としては、私でそういうキャラクターの世代感を出してみたかったんじゃないのかな、と理解しました。

——しかも新藤監督が追いかけて来られて。

つかまってしまったんです(笑)。そうなるともう新藤さんの人間力ですね。受け入れるしかないいん

『地平線』ロケにて。永島敏行と。

です。

――秋吉さんも巷《ちまた》では主張や注文が多い女優というような思いこみをされていますが、こうやってお話を聞いていると、人知れず気遣いも悩みも多いですね（笑）。

いきなりですが、気学では私は一白水星、悩み多いんですよ。一白水星は悩みの星と言われていますね（笑）。

――さて八四年の西河克己監督『チーちゃんごめんね』は、人気の深夜放送のディスクジョッキーの女性が幼い愛娘がいるのに病いに倒れるメロドラマです。これは実話でしたが、こういう毛色の作品というのは秋吉さんのフィルモグラフィからすると珍しかったですね。

闘病物は、当時これだけです。

――これはどんな経緯で引き受けたんですか。

東宝の企画です。この実話の70s世代を知っているというのは強みかなと思ったんですが、なかなかこういう闘病物みたいな作品は難しいですね。それこそ吉永小百合さんの日活映画などをたくさん撮って来られた西河克己監督にはとても優しく導いていただきましたけれど、なかなか自主的にこうやるといいのではという肉付けや提案ができなかった気がしますね。自ら悲劇に溺れることは避けました。

――ああいう闘病物みたいな作品は、他にもありましたか。

ありますね。九九年のテレビドラマ『告知』で、私は西田敏行さん扮するお医者さんの奥さん役。夫に癌を告知されて、その苦しみを乗り越えて、幼い子どもたちときちんとお別れすることもできて……と似たような感じです。これが今までに演った闘病物二作ですが、やっぱりなかなか難しいです。これも役に溺れないように

『地平線』アリゾナロケにて。

脇を締めました。

――そして八五年は渡辺淳一原作、根岸吉太郎監督『ひとひらの雪』。これは津川雅彦さんとのラブシーンも含めて、秋吉さんのセクシーな魅力がたいそう話題になりました。

大人の童話ですね。ここでの私は、ドールに徹しようとしたということでしょうね。八〇年代は『さらば愛しき大地』のような例外はともかく、なかなか難しく、辛い時代だったんです。監督のイメージを全面的に受け入れてやるんだという、自分にとっての修業の時代だったんですね。そこに自分が演ずる喜びはあまりなくて、どれだけ自分は監督や相手役など他者を受け入れられるんだろうということがテーマだった。自分の中のコアにのっとってこれを表現したい、というかたちではなくて、監督が表現したいというものをまず受け入れて、まな板の上の鯉になるんだと決めていたのですが、実は相当つらかった。『十六歳の戦争』に後戻りした感じかな。

――それはやっぱり秋吉さん自身が、次の新しいステージに行こうとして、そういうことになっていたんですか。

いやいや、そういう「どこかへ進もうとして」といったような発想は一切ないんですよ。とにかくそういう時期にさしかかった。『ひとひらの雪』にしても、内田ゆきともいろいろ言い合いました。「これは何でやるの？　何でこれなの」って。すると内田は「だって、きれいな役じゃない？」みたいなことを言うわけです（笑）。彼女の中では、この企画はフックがあったと思うんですよ。私がセクシーなことをして、みんなが騒然となるというのは、彼女からするとファンタジーなんです。でも、私からしたら、自分の中にそれをやる根拠がないから、ただひたすら監督と原作者の根拠に任せるしかない。

『地平線』アリゾナロケにて。

――秋吉さんとしてはそこまで入れ込む根拠がなかったかもしれませんが、『ひとひらの雪』はけっこうファンがいますよね。

『ひとひらの雪』はファンが多いですね。

――ところで、この八〇年代に入ると、秋吉さんが女優デビューした頃に比べても、映画の作られ方や見られ方の傾向がずいぶん変わっていったように思いませんか。

七〇年代って、まだ世の中も成熟していなくて、そんななかでこれを訴えたいとか描きたいというクリエイティビティを模索していた。だんだんともうそういうテーマやメッセージよりも、画の力で観客を楽しませるムードになっていった。世界的にも映画はどんどんアトラクション化して行ったし。この八〇年代は映画が娯楽としての快楽をみんなで共有する手段になって、今もそれは続いている、いやもっと進んでいると思います。

――八七年の宮尾登美子原作、山下耕作監督『夜汽車』は、クラシックでしっかりしたメロドラマ作品でした。

あれは宮尾登美子さんの二つの短い原作を混合させているんですね。最初は芸者物を作るっていうことを聞かされていたんですけど、結果的に芸者さんは十朱幸代さんになって、私はその妹役になった。

――芸者と言えばＮＨＫドラマ『夢千代日記』の金魚という芸者役がよかったですね。

私はけっこう芸者役好きなんです（笑）。

――山下耕作監督は、東映太秦では山下将軍と呼ばれて敬愛を集めた方ですが、『博奕打ち 総長賭博』『関の彌太ッペ』といった端正で濃密な作劇が素晴らしい傑作も撮られていました。私もそんな山下将軍と秋吉さんの出会いに大変期待しましたね。

私も山下監督はとても好きです。そもそもこの肺病を病む里子という役をやりたいなと思ったきっかけのシーンがあったんです。姉はせっせと芸妓をやって自分を女学校に入れてくれたのに、萩原健一さん扮する姉のやくざな男と男女の仲になって……といってもそれは里子を犯した男が悪いんですが……翻弄されまくるんですね。そしてついには自分も男の借金を返すために娼妓として身売りすることになるわけですが、今日でこの男とは別れると決めた日に、彼の髭を当たるというシーンがあって、台本の中では里子の剃刀がぴたっと止まると書いてあるんです。それを読んで、私はここを基軸に、全部のシーンを膨らませられる、里子はここにいると思った。しかし、監督は俯瞰の引きの画で撮ってしまったんですよね。全くカットを割らないので、ただ自分が体を売る前の日に、男の髭を膝枕して当たってあげている、という情況を描いているだけにしか見えなくなった。

――当然秋吉さんは山下監督に異議申し立てをしたわけですよね（笑）。

はい。墓穴を掘るクミちゃんですから（笑）、監督にそのことを「どうしてですか」と申し上げました。すると山下監督が「里子はそういう女性なんです」とおっしゃるわけです。これがもう何か抗えない微笑みで（笑）、新藤さんの時にも似ているんですが、もう人間力に従いますという感じです。

――山下監督の作劇は演技のトーンも画角も泰然としていますからね。

次のシーンになると、里子が女郎屋で遠藤太津朗さんに力ずくで犯されて喀血する、という激しい展開が待っているので確かにその前のシーンは静かなほうが活きる。山下さんはそういう全体の流れも考えていらっしゃるんですね。『夜汽車』で最も印象的なのは、肺病病みの里子を十朱さん扮するお姉ちゃんが指を詰めて身請けして、二人で寄り添って人力車に乗る。あのシーンですよね。二人で話しながら、里子が死んでいくまでを七分くらいのワンカットで凝視するんですよね。

関西テレビのドラマ『別れの予感』（'87）ロケにて。国広富之、岸田智史と。

――計ってみたら八分ぐらいありました。

絶対にNGが出ないように、照明からキャメラから全部朝からリハーサルして、完璧にして、役者はワンテストで本番オーケーにするぞという気合で進めていたら、本番でキャメラが壊れてしまったんです。

――なんという……。

それでようやく撮影を再開して、八分近い長回しの後で、「カット！」と言ってから、監督がへたりこむように動かなくなっちゃったんです。そうしたら、なんと感極まって泣いていらしたの（笑）。

――いいお話です。

真っ暗いセットの中でも、台本を読むためのリーディングライトがついてて、ディレクターズチェアで一ページ一ページ捲る姿が今でもシルエットになって浮かびます。全体のジグソーパズルをああだこうだと組み合わせてるんです。誰も「監督お茶ですよ」さえ言えないぐらい、作品に集中している姿は、忘れられないですね。情緒的かつ知的で、そして非常に静謐な孤独をお持ちの方だった。

『異人たちとの夏』『誘惑者』と演ずることの愉悦

――続いてこの八七年の暮れにお正月映画として公開された山田洋次監督『男はつらいよ　寅次郎物語』ではマドンナの化粧品セールスマン隆子を演じましたね。シリーズ第三九作になります。この時はあの七〇年代とんがっていた秋吉さんが、ついにこの国民的人気作品のマドンナを演るのかという感じでしたね。

『異人たちとの夏』('88) セットにて。
風間杜夫、片岡鶴太郎、愛犬ブブと。

内田ゆきもいろいろと考えたと思うんですよ。内田は基本的にアーティスト感覚なので、『あにいもうと』ですら観た後に「うん、普通の女優さんのお芝居してた」と言ったぐらいですから。だから『男はつらいよ』のマドンナという大変コンサバティヴな役どころは大変光栄でもあるんですが、はたして秋吉のようなタイプに似合うのか、演らせるべきなのか、というのは悩んだのではないかな。でも、松竹プロデューサーからお声がかかって、台本を読ませていただいた時に、私もこのマドンナはけっこう面白いのではと感じたんです。

――何かいつものマドンナとは違う感じですよね。

それまでのマドンナは、寅さんに恋されて、けれど誰かと幸せになったり、諦めたりする女性が多かったですよね。この『寅次郎物語』の隆子がいいなと思ったのは、彼女自身がトランク一つ下げてあちこちさすらう寅さんに近いんですね。いわば放浪の徒の寅さんの女性版。で、何かそれが私、すごくいいなと思ったんですよ。その女性像はすごく胸に染みるところがあった。寅さんと一緒に不幸せな子どもの面倒を見ているうちに、母性なんてなかった彼女がやがて母性に目覚める……とか、そういう教条的なものではなくて、ひとりで流転する女性の孤独と哀愁、それからひととき家族的なあたたかみを得て、また一人になっていく女性の姿を自分なりに作れたらいいなあと思ったんです。

――結果、シリーズも煮詰まってきたなかでけっこうよい感じのしみじみとした情感のある作品になっていましたよね。この映画で秋吉さんは賞も獲られていましたよね(第一二回日本アカデミー賞優秀助演女優賞)。

あの時は撮影一週間前に運転免許がようやく間に合った。あれは軽四輪に化粧品を詰めて、セールスの旅をする女ですから。ところが、監督とキャメラマンが後ろに乗って私の運転シーンを撮っている時

『異人たちとの夏』（'88）セットにて。片岡鶴太郎と。

に、間違って砂利山の中に突っ込んでしまったんです。

——えええ！

男性二人が後ろで悲鳴を上げました。あの時はマニュアル運転できたんだけどな（笑）。免許をとったばかりというのは記者会見でもさんざん言っていたことなので、その時は恐ろしかったと思いますよ。幸い何ごともなかったんですが、本当に申し訳なかったと思います。

——山田監督の演出は俳優の一挙手一投足に細かく指示出しをされることで有名ですが、秋吉さんはそういうやり方にすんなりなじめたのですか？（笑）

いえむしろ山田監督のご指示を「はい、わかりました」と受けて演技していたので、山田監督のほうがとまどわれたのではないでしょうか（笑）。七〇年代だと、こちらは普通の提案をしているつもりでも風当たりばかり強かったので、八〇年代はとにかく監督の意向をそのまま受けてみて、それから考えるというふうにつとめていたんです。でもこの映画を改めて観てみると、最初の『十六歳の戦争』の時と同じように一挙手一投足に注文があったかもしれないけれど、けっこうのびのびと情感が出せている。だから、そういう演出の縛りがあっても、投げ出したり逆らったりせず、ちゃんと演技で心を伝えようとすることは大事なんですよね。

——そして次も松竹作品ですが、これもひじょうに評価の高い、八八年の大林宣彦監督『異人たちとの夏』。

松竹は当初これをエロティックホラーみたいな切り口で考えたんですね。それで、はじめは都会のマンションの女幽霊に秋吉がいいんじゃないかっていうことで、松竹と話が進んでいたらしいんです。ところが大林監督のたってのご意見で、名取（裕子）さんと私の役が交替したんですね。

上：松竹映画『異人たちとの夏』（'88）セットにて。片岡鶴太郎と（署名も）。
下：『異人たちとの夏』（'88）セットにて。クランクアップ。

NHKシリーズドラマ10『家族物語』('90)。原作の瀬戸内寂聴、近藤正臣と。

――秋吉さんが浅草のおんぼろアパートの、古きよき家庭のほんわかしたおかんの幽霊で、名取さんが都会のマンションにいるクールで孤独な女の幽霊。

私はどちらかというと、そのセクシーで孤独な幽霊がいいなと思ったんですね。でも、大林監督からお手紙が来て、「あなたはお母さんなんです。誰が何と言おうとお母さんなんです」と(笑)。また人間力です。「今ひとつ得心がいかないのだけれども、仕方がない、監督がそうおっしゃるなら!」という気持ちになって(笑)了承しました。

――しかしこの役の交替は思いきったことでしたね。結果は大成功でしたが。

大林さんからこんな丁寧なお手紙で意思表明されたら、「ああ、もうそうするしかない」と腹はくくったものの、それでもやっぱり凄く悩みました。台本の段階ではどう読んでみても、私のところは普通のなんでもないホームドラマですから。ところが、もの凄く作り込まれた浅草のアパートのセットに足を踏み入れて、最初のひとことを言った瞬間に、ここで自分がどう振る舞えばいいか、台詞まわしから動きのリズム感から、全部つかめた気がしたんですよ。監督も喜んでくれるだろうと思って、監督のところに行って、「監督、もう安心ですよ。全部どうやればいいいか、私わかりました」って言ったら、「ん? あ、そう」みたいな感じでしたが(笑)。

――確かに台本で台詞のやりとりだけ読んでいると、なにげないのほほんとした世界ですからね。でもあれは実は無残に失われてしまったユートピアで、もうそのなにごともない日常が平和であるほどに泣けるんですよね。

そういう意味では異質なホームドラマなんですよね。だから当初は、テレビのホームドラマにほとんど出演していない私が、なぜ映画でホームドラマをやるんだろ

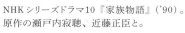

OLYMPIC

transfer
connecting flights

SERVIZIO
GOND

萬壽無疆

う、なんて思っていたんですが、全く違うその世界観が見えてきたんですね。あれは失われた夢なんですよね。アンバーの光に美しく包まれた……。だからセットや照明というのは本当に大事で、そこから作品の底に籠《こ》められた意図を確信したりするんですね。そこに（片岡）鶴太郎さんと風間（杜夫）さんが座っていたら、もう何もかも一切わかったという感じでした。

――秋吉さんと鶴太郎さんのかわいい夫婦の、いなせできびびした会話がよかった。

鶴太郎さんは初めての映画出演、しかも初めての俳優演技だった。私もおせっかいなので、「いいんですよ、鶴太郎さん。下町育ちなんだから、そのまんま、その下町の会話と動きのリズムをキープすれば、それで私たちはうまくいっちゃうんです」って言ったんですよ。

――それに対して、鶴太郎さんはどうおっしゃったんですか。

はあ？　何言ってんだ、この人はみたいな感じ（笑）だったけど、もう現場は笑い絶えず順調順調。ほとんど九時～五時で終わっていましたね。

――その快調なムードが画面に出てますね。

私は別に松竹の専属女優ではなかったんですが、なくなる前の大船撮影所は、まだ古きよき時代の雰囲気は残ってましたね。

――さて八九年の長崎俊一監督『誘惑者』もなかなか得難い試みの作品でした。長崎さんがこの何年も前に本作の企画を思いつかれた時、少しプロットを書くお手伝いをした記憶がありますが、この難しい設定をはたして生身の俳優さんがやれるのだろうかと思った覚えがあります。

あの作品は東京国際映画祭で受賞（さくらシルバー賞）しましたが、せっかくの面白い作品なのでもっと広く評価されてもよかったような気がします。

――やや題材的に早過ぎた作品だったかもしれません。

フジテレビのドラマ『さよならをもう一度』（'92）海外ロケ。石田純一と。

今ようやく精神の病いが社会の中で多面的に論じられるようになってきましたが、確かにちょっと早すぎた作品かもしれない。主人公の美也子は統合失調症で、多重人格。しかも同性の女子・君江を愛していた。というより、彼女を愛し過ぎていて、ついに自分の人格の中に取り込んでしまった。

――この危うい美也子という女性は、秋吉さんも難しい役柄だけに張り合いがあったのではないですか。

とてもこの作品が好きでした。その頃は、乗り越えなきゃいけない決まりや縛りを覚悟して、さらに自分の演技をぶれずに、うまく出していくことを自分に課していた修業の時代でしたが、もう『挽歌』以来の、楽しみで眠れないぐらいの現場でした。毎朝現場に行って、早く美也子に会いたい、なりたい。そんな感じでした。

――これは当時なかなかお目にかかれない企画でしたからね。また映画としてリアルさをどう表現できるか、という課題が秋吉さんにかかっていた。

早く美也子になって、私からも演技からも女優からも芸能界からも社会からも逃げたい、というぐらいの気持ちだった。いろんな精神疾患をめぐる本も読みました。ただ長崎監督が考える彼女のありようと、私が考えるものがちょっと違ったこともあった。監督は一貫して静かな流れの中で撮りたいという希望があって、一瞬でも際立った感情が現れることを好まれませんでした。静謐な展開が初めて起伏を見せる晴海《はるみ》埠頭《ふとう》のナイトシーンで、美也子が原田貴和子ちゃん扮するはるみに意外なかたちで迫ってゆく。私はここが最初の見せ場だと思ったので、より際立ったかたちで美也子の感情を表現しようとしたんです。でも、長崎さんから感情は静かにキープしてくださいという指示があった。

――美也子はずっと感情が読めないくらいに不穏でミステリアスですからね。

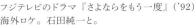

テレビ東京のドラマ『家康が最も恐れた男 真田幸村』('98)撮影の待ち時間に。

美也子という人は、あくまで無垢で喜怒哀楽の感情を出さない、自分の内面だけで生きる人。ただ、この見せ場まで喜怒哀楽を抑えると、観客がみんな飽きちゃうんじゃないかなと、私は勝手に思いました。どこかで演技にエッジを利かせないと演ずる側も辛いということもありますし。

——その計算というか懸念はよくわかります。

でも長崎さんのお考えに従って、ここも抑えた演技をしました。逆に、別のシーンで「もうちょっと彼女の感情を強調してみてください」と長崎さんがおっしゃった時には、私が引いたんです。「一度決めたものは最後までやりましょう」って(笑)。

——それはどういうシーンですか。

終盤の、草刈正雄さん扮する精神科医の外村が、美也子の自宅に来てしまうシーンです。

——美也子の中には、かつて激しく愛し、亡くしてしまった君江という女性がもうひとつの人格として棲みついている。その秘密を知ってしまった草刈さんの医師に対して、美也子は心のなかの君江を必死で守ろうとする。

ここを作品全体のクライマックスとして、「感情を出してほしい」とおっしゃったのでしょう。でも私は、「いや、このままいくべきじゃないでしょうか」と言った記憶があります。もう撮影も四分の三も超えたくらいのところで、ここまで丁寧に構築されている美也子像が、いきなりとり乱した感情を出すのは全てが崩れそうで危険だと感じた。

——長崎監督はけっこう粘るほうですか。

長崎さんは粘る方なんですよね。ああか、こうかといろいろ試される。思い出深いのは、さっきお話

映画『レッスン LESSON』撮影時にアッシジにて。
ロケ・コーディネーターと。

しした夜の海辺のシーン。十月ぐらいの晴海でボート浮かべて、夜の海を二人で泳ぐところを撮ったんですが、夜の海って本当に怖いんですよ。真っ黒なんです。空も海も一つになって境がない。それでついに（原田）貴和子ちゃんの目が飛んじゃったの。怖すぎて。

――ええ、それはえらいことですね。

あれ、目が飛んでる、私が助けてあげなくちゃという気持ちと、もう彼女には私しかいないという凄い官能が押し寄せて来た（笑）。

――それ、じゅうぶん変態ですね（爆笑）。すばらしい。

そんな彼女と岩の上にあがって「ふふふ」と無邪気に笑うところ。あの時は本当に最高の気持ちだった。

――しかしちょっと驚きでした。あの静謐きわまりない『誘惑者』がそこまで楽しかったというお話は。

確かに美也子は、ずっとＡＩみたいに表情も変えずにたまにニコッとするだけですからね。例えば『モンスター』で、あんなきれいなシャーリーズ・セロンが別人のように肥ったとか、そういうわかりやすいアピールは何もない。そして統合失調症と多重人格のレズビアン。

――本当にこれは今観てちょうどいい映画だったかもしれません。

美也子のなかに君江がいるという事態を察した外村が、刺されながらもにやっと笑う。あれはなぜなんですかと監督に聞いたら、自分の推察が当たっていたこと、そしてめったにない症例の患者に出会ったことで医師としての血が騒いだんですね。

――そんな関心から厳格に美也子に詰め寄っていく外村が、最後はヒッチコック『めまい』のように亡き君江を演ずるはるみと美也子の、彼女たちなりの奇異なれど

映画『レッスン LESSON』（'94）イタリアロケにて。
渡部篤郎と。

穏やかな暮らしを許容する。

外村は「このままうまくやってくれよ、本人たちが幸せならいいよ」と赦す気持ちに到達した。もういいじゃないかって、患者を肯定した。

――舞台やファッションが思いきりバブル期を映した『誘惑者』ですが、作品はまるで当時の舞い上がった雰囲気とは真逆の抑制的、内省的な傑作でした。この頃からバブル期が終わるまで、秋吉さんはテレビドラマ中心に活躍されますが、九三年に四年ぶりに公開された映画が渡辺護監督『紅蓮華《ぐれんばな》』でした。

『紅蓮華』の役所（広司）さんは、私がお誘いしたんです。絶対この役は役所さんだと思って。

――役所さんと秋吉さんの接点は何でしたでしょう。

ＴＢＳの単発ドラマ（『逢いたくて、恋占い』一九八七年）でご一緒したことがあったんですね。当時、俳優も一般の人も年齢より若々しかったり子どもっぽい感じの大人が増えたわけですが、役所さんは珍しく大人の顔をした俳優さんでしたよね。しかも肩の線とか色っぽくて、この『紅蓮華』の、女たちにひどいことをして死んでいく昭和の男なんて凄くいいのでは、と思ったんです。お話を持ちかけたら、すごいうれしい、ぜひやらせてほしいということになった。

――当時の役所さんは、『宮本武蔵』や大河ドラマなどが似合う古風な二枚目かと思いきや、『紅蓮華』の直前に出た鶴橋康夫監督のドラマ『雀色時』などではアブノーマルな殺気も醸されていて驚きました。

『紅蓮華』はまさにバブルの産物で、ある不動産経営で成功した女性が、自分の半生を映画にしたいと思って出資したそうなんです。もう当時初老と言っていい年齢の方でしたから、昭和三十年代から昭和の終わりまでの年代記になるわけですね。ところがバブルがはじけて、辛うじて映画は出来たものの、

日本テレビのドラマ『終らない夏』('95)ロケにて。瀬戸朝香と。

配給や宣伝に回すお金がなくなってしまった。

――私も当時数少ない上映館でひっそり公開されているのを追いかけましたが、ひじょうに訳あり感が漂っていました。

この映画は今あらためて上映してほしいくらい。私と役所さんが夫婦なんですが、そこに愛人の武田久美子ちゃんがやって来て、狭いおうちに愛人含む三人で住んでるという話。それで役所さんは夜になると愛人の部屋に行くわけですが、武田久美子ちゃんがあの時とてもよかった。武田久美子ちゃんやその頃『忠臣蔵外伝四谷怪談』に出た高岡早紀さん、荻野目慶子ちゃんって、独特のジャンルにいませんか。女として凄みがあります。

――しかし『紅蓮華』は、やや破滅的で破天荒な役所さんに指一本ふれられないまま、強い思いをもってその最期までを見届ける女性を描くという、なかなかユニークな物語で、沖島勲が脚本、渡辺護が監督というピンク界のベテラン監督の作品という意味でも、何か作品に独特な雰囲気が充満していて興味深かったですね。でも秋吉さんの作品群の中では、観ている人が少ない残念な一本です。

確か新宿の猫のひたいのような劇場で一週か二週、ちょこっとだけ公開した。バブル崩壊で不幸な末路をたどりました。

――次は九四年の『レッスン LESSON』。カタログ通販のセシールが出資して電通が配給した作品ですが、原作は五木寛之さんですね。監督は日活ニューアクションからロマンポルノで異色の傑作を撮っていた長谷部安春さん。若手のモーター・ジャーナリストの渡部篤郎さんが、魅力的で謎めいた美術鑑定家の秋吉さんとの性愛にのめりこみながら、イタリアを転々とする物語。

エロスというのは心を開かなければ撮れないのに、監督が常にアクション的なアプローチでエロスを撮ろうとするので、ちょっとそこがつかめなかった。これが『冒険者カミカゼ』なら私は天真爛漫にやっていたと思うのですが、そのあたりの考え方の違いに端を発して、私だけではなく監督と若手スタッフの相性があんまりよくなかったというのがありました。

——長谷部監督は、日活ロマンポルノに何本も観るべき作品がありますが、いずれもメンタルな部分は一切排除した極めてハードボイルドなタッチの作品なので、『レッスン LESSON』のような性愛の情感をじわじわと描くという作品には案外向いていなかったのかもしれません。

石原プロのテレビ映画（『大都会』シリーズ）などのアクション物もたくさん撮っていた監督です。だから男性的ということなんですが、俳優がナイーヴになっているシーンの前に怒鳴ったりとか、撮影中にじゃまなものがあると何でもかんでもわらっちゃう（画面から外す）ようなこともあって、そういうことの連続に私も精神的にダメージを受けた。

——それは監督としてはなかなか辛い状況ですね。長谷部さんが悪いというよりも、監督がミスキャストだったということでしょうね。

長谷部さんも追い詰められたと思うんですよ。私も内田ゆきに叱られました。「あなたは下には優しいけど、上には厳しい。公平になさい」って（笑）。長谷部さんも、きっとエロスを撮るということに関して、構想がまとまらなかったんじゃないのかなと思うんですね。またあちこちからの意向で不自然な設定が加わったりして、監督も悩ましかったのではと。

——長谷部監督は二〇〇九年に亡くなりましたが、それっきりでしたか。

それが私びっくりしたんですけど、五年くらい経った時に二時間ドラマで「ぜひ秋吉君で」とオファーがあったんですよ。これは感激だったんです。『レッスン LESSON』の時は、きっとスタッフ、

TBS・東阪企画 '96.12.20

TBS月曜ドラマスペシャル『金田一耕助シリーズ 獄門島』（'97）クランクアップ。古谷一行、名古屋章、谷啓、櫻井淳子、関本郁夫監督と。

キャスト全員に追い詰められてる気持ちだったと思うんですよ。でもそんな状況ではない、自分の得意のテリトリーで秋吉君とやりたいなと思ってくださったのかと、嬉しかったです。

『深い河』の教えとこだわり

——次は九五年の遠藤周作原作、熊井啓監督『深い河』。これはひじょうに高い評価を受けた作品ですね。これもセシール、俳優座（株式会社仕事）ほかの製作になります。

まず熊井啓さんとは事前に個別オーディションと言うか、顔合わせをしました。俳優座に呼ばれて、普通にお話をしたただけですが。

——それは秋吉さんの人となりを知るための懇談ということですか。

熊井さんが私のことを不安に思っておられたのは感じました。あまりご存じなかったから、きょろきょろっとしたコギャルっぽい子じゃないかなと（笑）思ってたんじゃないでしょうか。熊井さんが信頼を置かれるのは、俳優座のヒロインの栗原小巻さんのような方だと思うんですよね。

——川は川でも『忍ぶ川』（'72）のほうですね。

私などは、ちょっとわからない世代の異物だったんじゃないでしょうか。何かわけのわからないことをしゃべり出したりする奴では困るなと。だから、ドストエフスキーの話をしたんです。

——よく覚えてらっしゃいますね。

『カラマーゾフの兄弟』の話をしました。なんとなく、俳優座っぽいから（笑）。まず

東宝映画『深い河』（'95）は日本アカデミー賞、山路ふみ子映画賞など数々の女優賞に選ばれた。

誤解を取り除かなければいけないなと思って、共通言語としてそんな話をしたら、ご心配を払拭できるのではないのかなと思って「三兄弟の中ではどなたがお好きですか。ドミートリーのありように関してはどう思いますか」とか、お話ししました。

――熊井さんどんな感じだったんですか。

熊井さんは「僕はアリョーシャが好きです」とおっしゃいました。きっと熊井さんはご安心なさったと思います。撮影が始まる前に一週間ぐらい稽古がありました。日活芸術学院のリハーサル室で読み合わせ。それが読点では〇・五秒、句点では一秒空けるようにっていうレッスン。あと「私は」と書いてあるところが「あたしは」になってないかどうかのチェックとか。つまり、しごくための下地作りのトレーニングですよね。

――秋吉さんはそれを粛々とこなしたわけですね。

はい。その後は熊井監督も心を開いてくださった気がします。「お、ちゃんとやるんだ」と思ってくださったんじゃないでしょうか（笑）。例えば、「このせりふは三〇秒で言って」とおっしゃって、時計見ながら「あ、ぴったりですね」とか。つまり、精神的な部分がどうこうとか言う前に、果たして俳優がその注文に対して従順になるかどうかを見て、次に今度は感情移入について見る。たぶんそういう順序だと思います。いろんなタイプの方がいらっしゃって、監督と俳優といってもみんなそれぞれに毎回かかわり方が違います。

――本当に千差万別ですね。

演出家と俳優の関係って、何も特定のお作法はありませんよね。

――しかしそこまで慎重に向き合い方のすり合わせをしていると、本番はスムースだったのですか。

『深い河』の演技は高く評価された。

もちろん内面的には非常に繊細で用心深い方ですから、毎シーンをじっくり考えていらっしゃる感じはしましたけれど。面白かったのは、私がシャワーを浴びているシーンを全裸で演ったんですね。曇りガラスでしたし、まあいいんじゃないのかなと思って、全裸でやったんですよ。ところが熊井さんはきっと物語や感情や流れの組み立てのことに頭を集中しておられたのだと思うのですが、私が普通に裸でシャワーしていることに気がついてらっしゃらなくて。

――それがどこかでわかったんですか。

初号を観て熊井さんがびっくりして、「これ、秋吉君、全裸じゃないですか」っておっしゃられたそうです（爆笑）。

――それはちょっと面白すぎますね。

すごく夢中で純な方なんです。

――その裸像の向こうの何かを見ていたんでしょうね。

何かを見ていたんでしょう。イデアとか。

――イデアとか永遠を見ていたんですね。

ロケハンに行かれた時も夢中になりすぎて、その場で「よーいスタート！」「カット！」って言いながら動きつつ候補地を回っていたそうです。

――とてもピュアに集中される方なんですね。

とてもアカデミックであり、まるで大学の教授のような方でもあったんですが、だけどそんなふうに一面凄く素朴で憎めないところがありました。ロケではほぼお食事は召しあがらないでお酒を飲まれていたし、ほとんど寝ていらっしゃらなかったようだし……けれどＯＫとカットの声はすごく大きい

トルファンでのCMロケにて。スタイリストの高橋靖子と。

んです。インドは四五度くらいの気温だったのに。

――けっこうご病気を抱えておられましたね。二〇〇七年に七十六歳で他界されました。

昭和初期の芸術家みたいな感じで、情熱のままに生きていらっしゃる感じだったかな。

――現場の空気感はどうなんですか。

けっこうピリピリはしていて和気あいあいという感じではありませんでしたが、そうやって現場に入る前の洗礼で、俳優を柔らかなスウェードのようになめしてありますから、現場でもめることはなかったですね。やっぱり下ごしらえは大事で、「この人はこういうことを求めてこういうことをやらせるんだな」とか理解し合うのは大事です。

――危険なシーンもあったと伺いましたが。

インドでは、恐ろしいことをやりました。洞窟の中での会話のシーンは、美術部がベナレス（ヴァーラーナシー）のホテルの庭に洞窟のセットを作って、そして下にビニールを敷いて水を張って、その中に照明を組んでいた。あれは感電したら私たち終わりですよ。水浸しの洞窟に照明立ってるから。停電も漏電もしそうなインドなのに、そんな状態の中で命懸けでした。そう言えば、西洋のマリアは美しいマリアだけど、東洋のマリアはおっぱいは垂れて、身はがりがりに痩せている像ですが、それも美術部のオリジナルです。

――最後のガンジス川での沐浴《もくよく》は神聖なことなれど、日本人には勇気のいることのような気もしますが。

あの川は、皆さんが思うのと違って、私には特別なものでした。ロケ隊はニューデリーから大型バスでベナレスに入ったんですが、その時にまずガンジス川を渡りました。川を見た瞬間、ものすごい歓喜、

トルファンでのCMロケにて。

感動が溢れてきて（笑）。何かその感動に汚いもきれいもなくなって、日常的な感覚での「え、この川に私が入るんですか」みたいな抵抗感は、そこですっかり突き抜けてしまった。もう三次元から六次元くらいに突き抜けた感じ。だから、そんなガンジス川に入れるなんて名誉以外の何ものでもないんだけれども、あの川での浄化を日常として生きているインドの民の中で、俳優である私だけ存在感の希薄さが露呈したらまずいぞ、という怖さのほうが強烈にあった。どれだけのエネルギーを出したら、この人たちに伍していけるのだろうか、というその怖さのほうが、川に死体が流れてくることよりも恐ろしい。あの私の周りの女性たち、毎日ガンジス川で沐浴している人々のなかで、私扮するニヒリストの美津子が白日にさらされる。存在を問われる恐怖があります。だから、むしろ生命の危機という点で言えばガンジス川よりも、さっきの洞窟のセットの水のほうがヤバいなと思った（笑）。

——私もインドにひと月くらい行って、頭のなかに不思議なスパイスが入ったような高揚感にとりつかれましたが、それでもガンジスに入るのはハードルが高い気がしました。

ガンジス川はもの凄く細かな微粒子の粘土質で、ぬるぬるしているんですが、入ってみて亡骸を流すことの理屈がわかったんですよ。実はとても流れが速くて、少し進むといきなり首のここまで深くなります。本当に深い河なんですよ。まるでモルジブの海溝のよう。そして外は暑いのに、水の中はものすごく冷たいの。

——ははあ、そんな感じなのですね。

だから静かに身を浄めるどころか、足元も細やかな粘土質だから、ぬるっとそのまま足を滑らせたらどこかへ連れて行かれそう。

——全くそういうふうには見えないですよね。

それと、これはみんな気づく由もないことなんですが、着ていたサリーがインド

CM撮影で滞在中のパリにて。

シルクだったから、目が細かいんですよ。下手すると、サリーが広がってふわっと体ごと浮いちゃうの。インドの女性たちを観察していると、河に入る前に水を含ませては叩いている。どうやらそういうお点前《てまえ》があるらしいと気づくわけです。お風呂の中でよくタオルとか手ぬぐいを丸くするのと一緒で、ぎゅっとつぶしながら入らないと浮いてしまう。だから当時の記者たちは「勇気ある秋吉久美子がガンジス川に入った」的な書き方ばかりでしたが、実は私にとっては「どうやって浮かずに入るか」ということのほうが大きい課題だったの。神なき美津子が初めて河に入り、そこで祈る人たちと精神を共有させるという時にぷかぷか浮かんで流されていったらこれはまずいです（笑）。うわってひっくり返っちゃいそうになるんですから（笑）。

――それはもうガンジス川に入った秋吉さんにしかわからないピンチですが（笑）、確かにあのシーンは、周りの大勢の現地女性たちもごく自然に沐浴を再現していて瞠目させられました。

『深い河』は、実はカンヌに出品すると聞いていたんですが、モントリオールになりました。なぜならば多宗教や汎神論の立場でキリスト教を描いているところが、問題になったらしいです。私も洗礼を受けてクリスチャンになり、時は経ちました。聖書を読み深めると、むしろ『深い河』はひじょうにカトリック的ではないかと気づきました。

――そもそも遠藤周作さんは舞台をインドにすることで、あまりに厳格に多宗教を否定するキリスト教のあり方を超えようとしていますしね。しかしそのカンヌの顛末は、ヨーロッパ的なキリスト教の排他性に疑問を持ったがためにフランスを追われ、ガンジス川のそばのアシュラムに行く大津と同じ境遇ではありませんか。映画では奥田瑛二さんが演じましたが。

そこまで台本では強調されなかったけど、私が扮した美津子というのは、原作では相当なニヒリスト

CM撮影で滞在中のパリにて。

なんですよね。だから、神学生を目指す男子を誘惑して、彼の道を閉ざすということを遊び半分でやった。美津子はそういうかたちで神と対峙していたから、本来の自分を見失い孤独だった。最終的には、インドに暮らす寛容なるキリスト教精神を体現している教徒の大津によって、ガンジス川で神の存在を感じ、神との対峙から解かれ、自分自身に出会う。これは根本的なところでカトリック映画だと思います。

――それはまさに遠藤周作さんの意図を体現しているとも言えますからね。

遠藤さんが新聞に「美津子がガンジス川に入るところの描写を僕は書いていない。それを秋吉久美子が演じた。女優とはこういうものかと思った」と書いてくださって、嬉しかった。つまり遠藤さんは、自分が書いていない美津子のガンジスでの感動や歓びの表情をご覧になって、自分が書いたものは実に極めてキリスト教的なものだと確信されたのではないでしょうか。熊井監督が沐浴のシーンの撮影の後、ホテルの廊下で「秋吉君、撮れました。映画が撮れました」と顔を輝かせてくださいました。

――先だってご一緒に松村禎三音楽祭にご招待いただいて、オーケストラ・トリプティークの演奏で『深い河』のテーマも聴きましたね。憂愁もあり優雅でもある本当にいい曲です。

松村禎三さんはインドに行かれたのでしょう。インドに行ってないと書けない曲だなと感じました。インドはたまに行ったほうがいいですね。人を成長させてくれます。インドで大変だったのは、ただでさえ体調を崩しやすい国で四〇日間のロケだったので、とにかく健康管理には気を遣いましたね。

――四〇日間とはけっこう行ってましたね。

何かあってはいけないから、道で売ってるものを食べちゃいけない、夜は外に出

ちに戻ってきたりすると、家族四人のために焼いたサケの数が足りない。すると母は、後で食べるからと言って、彼女だけ食べないんですよ。母のそういう粛々とした姿に何か敬意を持っていたので、反抗する対象にもならなかった。自分はそういう女性の反対側に行って女優の仕事を始めたわけですけれども、そんな粛々としたところは自分の中にもある気がするし、そういったタイプの女性を否定するどころか、むしろ好きだったりするんです。

――すでにいくつか思い出を伺ったお母さまというバックグラウンドの影響は大きそうですね。

何となく私のそういう部分を大林さんは見抜いてるのかなと思うんです。あの決して笑わない目で（笑）見通していらっしゃるのではと。でもパキさんも見抜いていましたよ。『妹』のラストの砂丘の、おでん屋のたずね人の掲示板に、「骨細、八重歯、えくぼ」って書いてあるんですよ（笑）。よく見抜いてるなと思ったの。私、結局骨細なんですよね。あれはパキさんじゃなくて内田栄一さんが見抜いてたのかな。

――八重歯とえくぼは覚えてますが、骨細って（笑）。

めちゃくちゃ面白くないですか。

――ゼロ年代に入って蜷川幸雄さんと組まれましたね。二宮和也さん主演の『青の炎』。二宮さんと鈴木杏さんの兄妹、そして秋吉さんのお母さんが穏やかに暮らす湘南の家に、元継父の山本寛斎さんが現れて一家の平和を乱す。それを高校生の二宮さんが周到に殺そうと計画する話です。

蜷川さんすごい大変な方だって伺っていたけど、一回本読みして、「うん、二宮くんと同じで、絹ごし豆腐のようなきめ細やかな演技だな」のひとことで終わりました。

――ええ、そうなんですか（笑）。

「何か感触が似てる母子だな。それでいいよ」と言われて終わりでした（笑）。

BSジャパン女と愛とミステリー『内田康夫サスペンス 愛するあまり…』（'01）クランクアップ。とよた真帆、宅麻伸、古尾谷雅人、小田切成明監督と。

――蜷川さんとはそれ以前にお会いになったことはあったんですか。

ほぼなかったんですよ。その半年前くらいにたまたま蜷川さんのお芝居を観に行ったんですよ。藤原竜也さんと白石加代子さんの『「身毒丸」ファイナル』を。たまたま廊下で会って「秋吉くん、こんなきれいな人と思わなかったよ」って声をかけられました（笑）。それも特にご挨拶に行ったわけでもなく、ただ廊下ですれ違って。いつも蜷川さんは稽古が終わって幕が開いたら観に来ないそうなんですが、ちょうど公演中盤で様子を見にいらしてたのかな。

――タイミング的には、蜷川さんはそこでピンと来たんでしょうね。現場でもまるでスムースだったんですか。

全く順調。本当に納得されていたんだと思いますね。

――それはもう納得がいってるわけですね。

父親不在の家庭で子どもたちを育てているしっかりした母親ではあるんですが、仕事しているアンティーク店は面白いお人形さんやランプなどがいろいろ置いてある店だったので、もうちょっと趣味性が強い感じが出せればよかったかなと後で思いました。

『透光の樹』で挑んだこと

――そして二〇〇四年の高樹のぶ子原作、根岸吉太郎監督『透光の樹』。これは最終的にあがった作品は大変評価されましたけれども、制作過程でさまざまなトラブル騒ぎがありましたね。

よみうりテレビのドラマ『シンデレラは眠らない』（'00）クランクアップ。上川隆也、原沙知絵、安達祐実と。

谷崎潤一郎賞を獲った、世界観がとてもしっかりした原作だったんです。ロケ地が石川県の鶴来《つるぎ》（現・白山市）。そこの有名な刀剣職人の娘が私なんですね。それで、今は借金返済に苦しんでいて、ずいぶん前に思いを寄せていた映像制作会社の社長と愛人契約を結ぶ。

――その社長役が当初萩原健一さんで、やがて降板騒動が起きて永島敏行さんに変わった。

原作もよかったし、『赤ちょうちん』の岡田裕プロデューサーの思惑もすばらしかったと思いますよ。

――萩原さんは役者仲間としてはどうだったんですか。

お互いに心を通わせられるかというと、彼の世界には彼しかいなかった。『夜汽車』で強姦シーンがありましたが、そんなに深いやりとりがあったわけではないんです。

――萩原さんは秋吉さんや監督とさまざまな齟齬があったのですか。

そのことについては当時からさまざまに思うことはあったのですが、出来上がった作品を大事にしたいので一度もマスコミなどで話したことはありませんでした。ただ時間も経った今、事実を事実としてお話ししてもいいのかも……。『透光の樹』では、真夏に真冬のシーンを撮っていたんですが、私の運転する軽自動車に萩原さんが乗っているシーンで、彼は冷房もかけないでツイードのジャケットを着て、カシミヤのセーターを着て、額から汗を垂らしていた。真冬のあつらえですから。

――それがショーケン流の本気なんですね。

なので、ツイードもカシミヤも暑いし、助監督さんたちにお願いしてバケツに氷入れてもらって、ズ

秋吉が監督した映像作品『Communication』（'03）収録の「ブブアゲイン」撮影現場にて。

ボンも脱いで足を突っ込んだらいかがでしょうって気をつかって助言したら、おしっこタイムだと叫びながら、凄い勢いで車を降りていなくなってしまった。そしてほうぼうで私への批判を口にされた。演技がわかってないって。ところが私がいないシーンの撮影では、助監督にひどいパワハラだったり、「黒澤明だってもっと役者をわかっていた」と監督の演出の方針にも批判をぶつけ始めたらしい。

――ちょっと手に負えない状況になっていたんですね。

本読みの時すでに声がひっくり返っちゃって、ちょっと凄いことになっていた。結局岡田さんがそのことを理由に交替という結果を出したら逆恨みされてしまって、報道の通り岡田さんが恐喝される事件になっていった。一部にクミコさえショーケンとうまくやってくれれば何とかなったかもしれないのに、という声もあったけど……もしかしたら、私の愛が足りなかったのかな。

――撮影はすぐ続行になったんですか。

半年後です。とはいえ大手術ではなくて、そもそも先行して撮っておこうとしたシーンがいくつかふいになったくらいです。再開したら根岸さんはいつものようにかなり粘っていましたが、交替した永島敏行さんは根岸監督と前に組んでいましたから。

――永島さんは『遠雷』でしごかれて評価を得ましたからね。

根岸監督のテンポに慣れているから、何事もなく。やるといったらやると非常に明るく、真剣に挑んでらっしゃいました。

――結果として、そのショーケンの経緯を置いておくと、秋吉さん的にはこの作品はどうなんですか。

五十歳にして全裸になったわけです。AVのおっかさんシリーズじゃない（笑）、純愛ゆえに性愛が深まる矛盾がテーマ。一人の女性の生き方として、ドラマの中で五十歳で裸体になって、肉体で作品を成立させるというのは、日本の映画史のなかには例がない……って自賛かな？（笑）そういう、通常の演技とは違った次元での評価というのはあってよかったんじゃないかなと。作品をキワモノでなくちゃんと成立させた全裸というのはすごく意味があったと思うんですね。

――私は裸像と演技の相関を考えた著作（『女優と裸体』）の書き手でもありますので、当時「キネマ旬報」の特集にもそういう角度から応援評を書いていて、肢体のなせる演技という意味でも秋吉さん凄いなと瞠目しました。ただ一方で、そこらの五十歳のご婦人ではなく、秋吉さんがそれをなさってもまるで違和感がなくて、当然のことと思われたうらみはありますね（笑）。

私にとっては凄いことだったのに、みんなそう思ってくれないのはどうして？　と（笑）。拍子抜けしました。

――それも含めて秋吉さんだからこその演技でしたね。本当に『透光の樹』の性愛の表現は久々に素晴らしいものを観た、と思いました。

あんな寒い石川県で、ご飯も食べずに演りました。裸のシーンが多かったので、ラブシーンの前にはご飯も食べず。北陸の気候は、雨、風、雪、あられ、みぞれと一日じゅう天気が変わります。いつも空腹で寒かった。

――いかにも寒そうな、しかも重厚なロケセットでした。

私が永島さんを導く、ちょっと不思議なお伽話的な民家は重要文化財。それを能舞台のように開け放って全裸でラブシーンですよ。

――死にますね。

死にました（笑）。私は体温低下で頭痛がひどかった。それでふと見たら、クレーンの上の撮影スタ

テレビ朝日土曜ワイド劇場『キソウの女Ⅱ』('05)
クランクアップ。高島礼子、六平直政と。

ABC-共同TV　土曜ワイド劇場『キソウの女・帆村　純Ⅱ～青いバラ～』小野原組　'04.7.17　晴海にて

ッフは、みんなダウン着こんで雪山ロケみたい。しかも重要文化財だから控え室でも火を使っちゃいけない。待ってる間も寒くて、すっかり冷え切ってから本番が始まる。根岸さんは入念に、カメラ位置から照明から、何から何までスタンドインを使って、じっくりじっくり進めるわけです。その間控え室で、浴衣をひっかけただけの私たちは凍ってしまうようでした（笑）。

――しかしその秋吉さんが永島さんを異界に導くような場面から性愛のシーンまでは、比類ない美しさでしたね。

千桐はしずしずと、自分のテリトリーである、実と虚がない交ぜになった文化財のおうちに、今井をいざなう。いつもは軽四輪に乗る田舎の普通の女で、介護の父を抱えている。そんな女の心の中に実はこんな幽玄世界があったんだ、というくだりですよね。

――しかしトラブルには見まわれましたが、結果的に素晴らしい作品が出来てよかったですね。

はい。やりとげた感、満載。

――続いて二〇一二年公開の『「わたし」の人生《みち》　我が命のタンゴ』。秋吉さん扮する主人公は、子育てを終えた後、勉強して大学教授としての人生を歩もうとしている。その矢先に橋爪功さん扮する父が認知症になって家内騒然となるも、認知症家族の会で橋爪さんがアルゼンチンタンゴに出会って、希望が見えてくる……という物語。この認知症に対するタンゴセラピーというのは世界中で注目されているんだそうですね。

これをお受けしたのは私なりのヒストリーがあるんです。二〇〇七年に早稲田大学大学院の公共経営研究科というところに入って、二〇〇九年に修了したんですが、実際にそういう観点でのお仕事をなさせていないなと思ったんです。和田秀樹監督は精神科医で老年精神医学を研究されていて、それでこの高齢者の心の問題と認知症、そして周りの家族の悩みをめぐる映画をぜひ撮りたいとおっしゃっていた。和田さんはアジア型の家庭介護じゃなくて、いざとなったら施設を活用して、みんながのびのびと生きるべきなんだ、という信念をお持ちなんですね。和田さんのご意見に全面賛同かどうかは別にしても、自分が公共経営を学んだ後でこういう作品に出るのは意義があると思ったんです。

――その理念に共鳴した秋吉さんはシナリオにも面白いアイディアを出されたそうですね。

私は幼い時からずっと「リア王」が好きで、もしも舞台でお声がかかろうものなら末娘のコーディリアをぜひ演りたかった。残念ながらそういう機会はありませんでした。だけどこの映画では、橋爪さんがシェイクスピアを研究している教授で、まさにリア王化した狂暴な認知症になってしまう。それを認知症問題と重ね合わせることができれば、と乗り気になりました。

――脚本は『東南角部屋二階の女』などを書いている大石三知子さんでしたね。

大石さんはとても優れた脚本家ですね。私は自分の役がコーディリアで、真摯に父のリア王のことを考えているのに、なぜか父親から一番被害を受けて憎まれる。それを基軸に演じました。

――これは小倉で撮ったんですね。

小倉は映画のロケに協力的で、フィルムコミッションの応援体制も積極的です。できることなら『透光の樹』ぐらいにもうちょっと時間をかけてやれたら、さらにいろんな肉付けとか掘り下げができたかもしれません。これは一七日ぐらいで撮ったのかな。

――その次の主演作が、私の監督した二〇一三年の『インターミッション』ですね。こうして自分の映画についてお話しするのもおもはゆい限りですが、映画評論家と映画監督を兼業しているがゆえの因果なりゆきということで観念してお伺いしたいと思います。

『インターミッション』は、私は映画の成り立ちを意気に感じたんです。

銀座シネパトス「秋吉久美子映画祭」('10)トークの後に。

――これはご存じでない読者のために解説すると、銀座のど真ん中になぜか穴ぐらのような、時代から取り残されたような小さな地下街があって、そのなんだか昭和的な猥雑さがむんむんする三原橋地下街に銀座シネパトスという、凄く古いんだけど妙にいごこちもよく、映画に集中できる三スクリーンの映画館があった。私はそこの鈴木伸英さんという名物支配人と組んで、ソフト化されておらず、フィルムもなかなか上映されない映画を集めて〈秋吉久美子映画祭〉〈原田芳雄映画祭〉といった濃厚な特集上映をたくさんやっていたんですね。しかもその意図に共鳴してくださって、まさかの秋吉さんや亡くなる直前の原田芳雄さんをはじめ、さまざまな俳優や監督の方々が年じゅう登壇してトークをしてくださった。いつも劇場は熱心な映画ファンで超満員、日本映画の財産を伝承するという意味では本当に意義があったと思うんです。

その大評判のさなかに三・一一の東日本大震災が起こったんですね。

――当日もなんと当時の東宝社長の高井英幸さんをお招きして七〇年代の掘り出し物を上映しようとしていたのですが、あの大地震で緊急とりやめに。それどころか急遽、老朽化と安全性の観点から一年後にこの劇場自体を閉館することになってしまった。私は茫然となりましたけれども、「どうせ閉館するのなら、さめざめとノスタルジックなサヨナラ興行なんかやらないで、劇場ゆかりのキャストの皆さんのお力を借りてこの劇場を舞台にした映画を作り、それをラストロードショー作品にしたらどうなんですか」と喫茶店で鈴木支配人に言ったんですね。いったい自分がどこからそんなことを思いついたのかも今となってはよくわかりませんし、鈴木さんも「何言ってるんだろうこの人は」的なきょとんとした顔をしていました(笑)。まあ無理もないことですが。

震災のおかげで社会全体が何か鬱々と停滞していたあの時期に、その意気や

映画『インターミッション』（'13）初日の合同インタビュー。
染谷将太、監督の樋口尚文と。

よしと思って、すぐに樋口さんに「このご時世、挫折から創造に転ずるという姿勢を意気に感じました。私にやれることはご協力したいと思います」というメールを差し上げました。

――まだ監督経験もない私の、そんな思いつきを、もちろんいろいろご心配もあったはずの秋吉さんが問答無用でお引き受けくださったのは、本当に感動的でした。それから一気に製作が具体化して、三十数名にも及ぶ大ベテランから新人までのキャストが名乗りをあげてくださった。

三・一一以後の時代のよどんだ空気に抗って、あの映画館の大切な記憶のように、残すべきものを残しておきたい……そんな熱い意識に共鳴しました。でもちょっと時間が経った今思うと、この映画はそういうちょっと社会派みたいないきがかりもあったし、あの映画館に来るようなマニア相手に作られてはいたんだけど、実は面白いお菓子のような映画でもある。赤、青、黄色、紫、白、透明のテディベアのグミが袋にぎゅっと詰まってるような。そういういろんな面白さが充満している映画なのだから、基本は物語の舞台でもあり撮影現場でもある銀座シネパトスでの限定ロードショーが売りだったわけですけど、もっとたくさんの観客に観てもらって楽しんでもらいたいなと思う映画ですね。

――勢いで突っ走ったあまり類のない映画ですから毀誉褒貶かまびすしかったのですが、わざわざ試写に見えた脚本家の山田太一さんが本当に気に入って絶賛してくださって、「とてもいいものを見た」というタイトルで「キネマ旬報」に論評を寄稿してくださったのが心底ありがたかった。その山田さんの文章のなかで、まさに「これは秋吉さんが演じているからいいのだ」という指摘があって、嬉しかったんですね。秋吉さんは映画館の閉館までの日々をため息まじりに過ごしている女支配人という役ですが、それをどこ

映画『インターミッション』撮影現場にて。
監督の樋口尚文と。

か軽快に飄々と演じていた。でも、もしも秋吉さんがその悲しい心情を切々と熱演されていたら、こんなに色とりどりの変わり飴が詰まった内容がひとつにまとまらなかっただろう、と。秋吉さんの間口の広い演技あってこそ全体の包装紙になれたのだと。

わかります。つまり、それは、私だけが物語の人ではないんですよ。失われていく映画館に対して過多な演技をすると、いろいろな人物と物語が去来する構成のなかでは邪魔になってしまう。だから、いわば等身大でよかったんだと思います。そして一方では、ありとあらゆる面白い方々が出ているわけですが、樋口さんが面白いのは一個一個のエピソードに対して全部違うオマージュ、違う撮り方で撮っているところですよね。普通の監督にとって自分のスタイルに固執するのは確かに大事なことなんですが、そのさまざまなスタイルを組み合わせていくことがスタイルになっている、というのは興味深いことですよね。だからこれは、ルービック・キューブみたいな映画と思ったら面白いんじゃないですか。

――しかし私の義憤と言うとカッコいいのですが、単なる思いつきから始まった『インターミッション』は秋吉さんというシャーマンが降臨して立体的に広がっていき、「猛烈に映画好きな人たちが銀座の地下に集まって何か面白そうなヤバいことをやってるらしいぞ」とＷＯＷＯＷは制作中からカメラを回して密着ドキュメンタリー番組を作り、完成試写には次の私の映画のヒロインを演る前田敦子さんや無名時代のあいみょんまで駆けつけてくれて、一般公開の初日にはＮＨＫがヘリを飛ばしてゴールデンタイムのニュースにしてくれました。あれも全て、秋吉さんが染谷将太さんと夫婦役で（！）映画の顔つきを作ってくださったからだと思います。

『寺島町奇譚』には等身大の私がいた

――さてここからはテレビドラマ作品にも少しふれておきたいと思います。ただし本当にたくさんの作品に出演されていますので、まずは秋吉さんご自身が印象的だったものを挙げていただきたいのですが。

まずテレビドラマと言うと、ＮＨＫの『寺島町奇譚』。あの主人公は、かなり本当の私に近いし、実際の私によく似ていると思います。

――ＮＨＫ「土曜ドラマ・劇画シリーズ」の『寺島町奇譚』は一九七六年三月、映画で言えば『さらば夏の光よ』の頃に放映されましたが、まさに秋吉さん絶好調という感じでした。「土曜ドラマ・劇画シリーズ」では、つげ義春原作、佐々木昭一郎演出『紅い花』という傑作を生んでいましたが、この滝田ゆう原作の『寺島町奇譚』もなかなかいい作品でした。脚本は『赤ちょうちん』の中島丈博さん。

あの玉ノ井のちょい飲み屋の女の子は、けっこう等身大の私に近かった。これと『の・ようなもの』のエリザベスが、演技していない私に近いなと。私はブログの書きかたが、ちょっと『寺島町奇譚』的だなと思うことありますよ。

――拝読しています。

書き過ぎずにふいっと横にいったり、そこはそれ、このへんで止めておこうとか……。彼女たちは心の中では小さな夢もあり、どんな環境でもそれなりに自分を持っているんですが、「なんだ、こりゃ」の結果を飲みこむことに。

――しかしこれもテレビドラマだというのが凄いですよね。土曜ドラマはなまなかな映画より質もスケールも豊かでしたが。

NHKドラマ『夢千代日記』（'81）ロケにて。深町幸男監督と。

『寺島町奇譚』は、台詞も人間描写もおもしろかった。役者さんもおもしろかった。

——ところでNHKと言えば、デビューしてすぐの『天下堂々』の時に面白いことがあったそうですね。

『天下堂々』は『夢千代日記』の早坂暁さんの脚本。天保のぼろい長屋の住民たちの話でしたが、当世風パロディもいっぱいあって賑やかではちゃめちゃな面白さがありました。

たぶん早坂暁さんとうちの内田ゆきとの間で話が盛り上がったんだと思うんですけども、瓦礫にしがみついて日本に流れ着いたベトナム人の少女という役で、レギュラーに途中参加と聞いていました。きっとボートピープルから早坂さんが啓示を受けたんだと思いますが。

——秋吉さんでベトナム少女って、あの番組らしいですね。

ところがそれをやる気満々で収録に行ったら、普通の武家の娘になってたんです。

——えええ?!

内田も「あなたにアオザイ、きっと似合うわよ」って言っていたんですが……。『天下堂々』のディレクターとプロデューサーに後になって聞いてみたら、「早坂さんからそんなこと聞いてない」とおっしゃって（笑）。

——いったい何だったんでしょうね。

よくわからないけど、そんな不思議なこともありました。ちょうどテレビの時代がそんなふうに実験も許されて一番面白かった頃だと思いますけどね。その早坂暁さんが、『夢千代日記』で、今度は金魚っていう役を思いついたんじゃないんでしょうか。

——お話が出たところで、『夢千代日記』に関してはどうですか。八一年と八二年の正続篇に出ていらっしゃいます。八四年には『新夢千代日記』があります。

『夢千代日記』は、みんなで紡《つむ》ぎ合っていったドラマだと思いますね。演出の深町（幸男）さんがやっぱりワンショット、ワンショットに心を込める方でした。

――『寺島町奇譚』の直前の、七五年のTBS『家庭の秘密』はいかがですか。花村えい子のマンガ「霧の中の少女」を原作にしたちょっとミステリアスな青春ドラマでしたが、なんと荒井由実（松任谷由実）の「あの日にかえりたい」はこの主題曲でした。私はけっこうこの時の秋吉さんはいいなと思いましたが。

役と私はフィットしてたと思いますね。あの時代だから懐かしいです。

――確かに七〇年代的なファンタジーではありますね。その頃の少女マンガっぽさがよかった。共演の中山仁さんもそういう雰囲気が合っていた。

演出の福田（新一）さんもセンス抜群で音楽が好きでした。このドラマにはちょっとおかしい思い出があるんです。私が悲嘆にくれて家出してガソリンスタンドの店員になる、という展開があるんですが、その私に全く悲壮感がなくて、ディレクターが「なんだかガソリンスタンドのコマーシャルみたいだなー」って言ったんですよ（笑）。帽子かぶってガソリンスタンドの服着たら似合いすぎてて（笑）。

――そう言えば、近い時期に撮影された『さらば夏の光よ』でも同じようなことがありましたね。

ああ、あの映画の時の、ロッテリアの店員のおねえさんですよね。あれも似合いすぎですよね。まるでロッテリアのコマーシャル。映画の協力をしたロッテリアのコマーシャルになっちゃった（笑）。

――ディレクターは唸ったかもしれませんが、しかしまたそんなところが秋吉さんらしさだったと思います。『家庭の秘密』の後は、七五年末の北海道放送制作の東芝日曜劇場『嘘』も小味な作品で、さらに翌春の『寺島町奇譚』と続いて秋吉さんの魅力はお茶の間にびんびん届いていたと思います。当時、劇場へ行くと『挽歌』『さらば夏の光よ』を上映していたわけで、まさに引っ張りだこ状態でした。七七年にはNHK大河ドラマ『花神』とTBSの倉本聰脚本、高倉健主演『あにき』にも出演されて好評でしたよね。

杉村春子の公演時のバックステージにて。

『花神』は、あの高杉晋作の恋人おうのさんでした。ああいう愛せる役だと迷いなく演じられます。今でいう天然の人ですよね。この役は、観る人にも愛されました。『あにき』は、私がきっと「健さん」という偶像に対して、マジョリティの日本人が遠いスタアを見るような感覚では全くなかったのが自然でよかったんだと思いますよ。

――健さんはこの年の映画『八甲田山』でもいい雰囲気で撮影されていますから、そんなに近づき難いということもないですよね。

むしろもの凄く親切な方で。実は『あにき』の時にしゃっくりが止まらなくなったんですよ。そしたら、『八甲田山』の時みたいに、「秋吉さん、しゃっくりが止まるお薬を持ってるんですよ。これをなめたら止まりますよ」ってお付きの男性に取りに行かせた。それがなんとお砂糖で、本当になめたら止まったんです。

――ええ？　それは何かの暗示というか催眠効果なんですかね。

いえ、ちゃんと止まりましたよ。

――なんて気さくで親切な方でしょうか（笑）。

本当は気さくで親切な方です。

――私の知人にもたいそう現場で健さんに気に入られた人物がいましたが、とにかく陽気でいっぱいしゃべる方だったそうですね。

いっぱいお話しになるし、クリスマスには天使をくださいました（笑）。

――それはなんでしょう。

かわいいお人形さんをくれたんです。お買い物が大好きみたいなんです（笑）。

――倉本聰さんの脚本って一字一句変えてはまずい、というようなことはあった

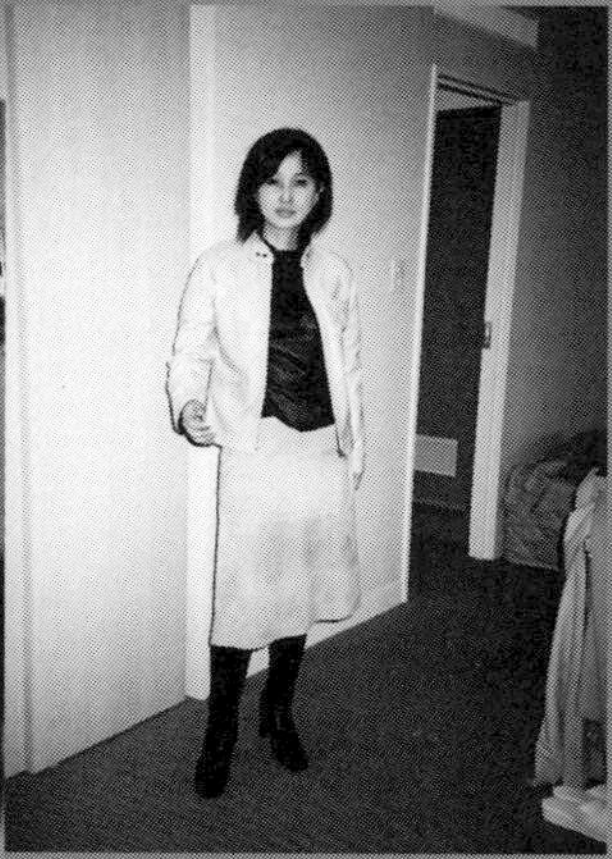

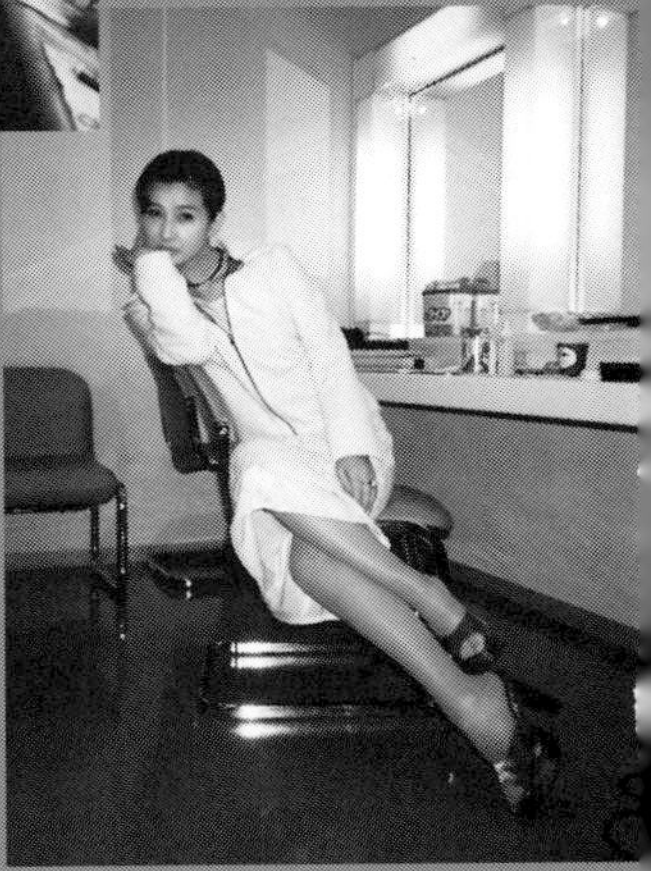
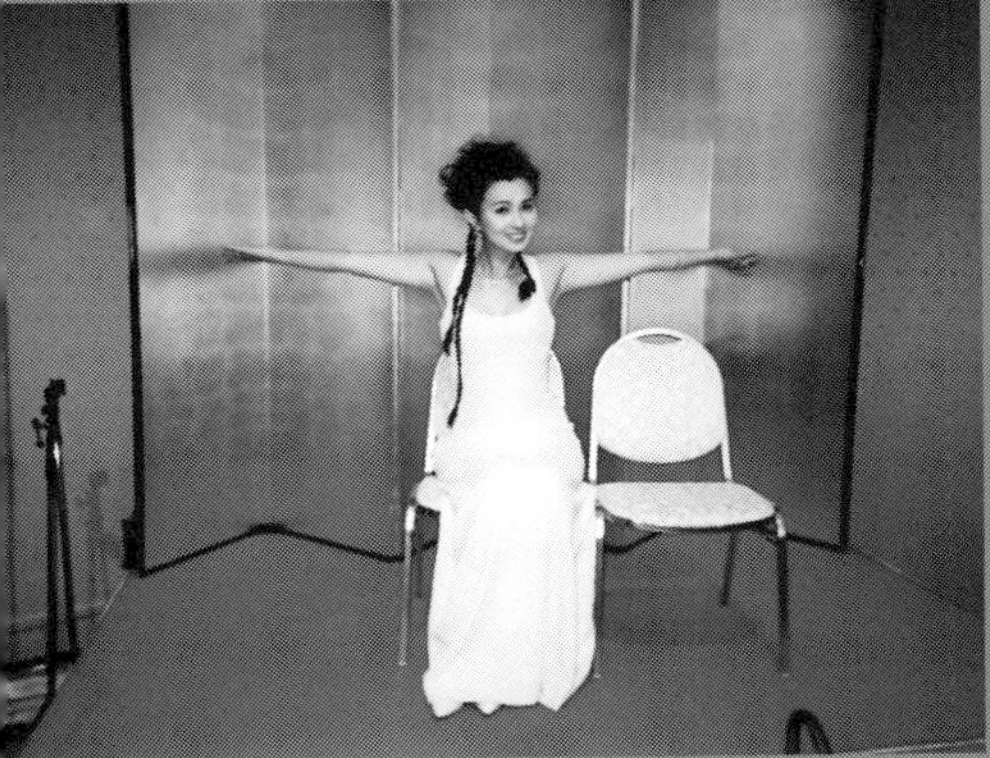

テレビ朝日のドラマ『海峡物語』('77)
セット撮影にて。

んですか。

その印象は、私にはなかったですね。私は台詞を一切変えない時もあれば、変えることもあるみたいで、リズム感と意味が合っていなかったりすると、「これ、ちょっと違うんじゃないんですか」とは言います。でも倉本さんは計算しつくされていたのでしょうか？　あえて変えるということもありませんでした。

——こうして見てきましたようにこの頃の秋吉さんはテレビドラマでも絶好調でいい作品が多いのですが、七七年のテレビ朝日の五木寛之原作『海峡物語』の現場で、今もって心に刻まれる出来事があったそうですね。

あるシーンで台本の一ページ全部をまるまる自分でしゃべることがあったんです。そのセリフの流れのままに、ナレーションのようにしゃべったんです。「あのときは悲しかった、こうでこうでこうだった——」みたいなことをそのまま演じた。そしたら、演出の田中利一さんが、「秋吉くんって、その程度なの？」って言ったんです。その瞬間、自分の中にイナズマが走って、ああ自分は至らなかったなと思いました。それで、うちに帰って、一行一行全部解析した。ただ台本の台詞に乗って歌うのはカラオケのようなものなんですよ。一行一行全部、この台詞に心がちゃんと対応してるかどうかを見極めてから演技をしなきゃいけないなと悔い改めて、また現場にのぞんだんです。昔のドラマはリハーサル日が二日間あって、スタジオの本番が二日間あって、一日ロケなんですね。それでカメリハの時にそういう構えで演じたら、田中さんが「うん、秋吉くんだ」と言ってくれた。その演技では口だけじゃなくて心も動いてるか、ということは凄くベーシックな事だと、ここで強く肝に銘じました。でもこれはベーシックなことだけに、一生の指針です。「秋吉くんって、その程度なの？」と「うん、秋吉くんだ」のふたつの言葉は自分のなかにずっと残っている心のプレゼントですよ。

テレビ朝日のドラマ『海峡物語』セット撮影にて。

――それはとても貴重なお話ですね。ところでこの頃の私は、一九七八年放映のフジテレビの連続ドラマ『下町のおんな 風子』のように、全く問題作とか異色作ではないけれど小味なホームドラマが好きでしたね。「平岩弓枝ドラマシリーズ」の一本で、演出は河合義隆さん。山中温泉からふらりと出てきた秋吉さんが上野で芸者の杉村春子さんに出会って、その三味線に感動して強引に内弟子になるんですね。

確かにあの作品もなんとも言えずよかったですね。私扮するふうてんの風子が、芸者さんになって大企業の坊ちゃんと恋に落ちる。こんな芸者では反対されるかと思いきや、おじいちゃんがこっそり様子を見に来て「なかなかいい子じゃないか」と応援してくれる。そのおじいちゃんを演じたのが、渋谷のジァン・ジァンで毎週金曜の夜にイヨネスコの『授業』をやっていらした……。

――中村伸郎さんですね。

そうそう。中村さんが味方になってくれて二人を押してくれて、結婚もOKになり、最後は置屋のおかみの杉村春子さんも一緒にフロリダで結婚式を挙げるという（笑）。なぜか海外ロケ、なぜかフロリダ。みんなでカキを食べました（笑）。

――そういう部分のゆとりも大事です。

河合ディレクターが天才気質で、その場でいろいろなことを思いつくんです。難しい三味線を勉強して、やっとの思いで弾けるようになった私に、ちょっとジャズ風に弾いてみて、とか言うんです（笑）。でもお師匠だってジャズ風になんか弾けませんよ。まあ奮闘はしましたが。

――しかし何かいい空気が漂っているドラマでした。バブル期からフジテレビはドラマもバラエティも狙いすました業界ノリで伸びていくわけですが、私はそれ以前の地味で素朴なフジテレビのドラマが好きで、特にその基調は平岩弓枝作品にあ

『可愛い悪魔』('82)ロケにて。ティナ・ジャクソンと。

ったと思います。『下町のおんな 風子』は、業界ノリで賑々しくなる前のフジテレビの、東京っぽい滋味があった気がします。

『天使が消えてゆく』『可愛い悪魔』の本気

この『風子』と同じ頃にNHK土曜ドラマ「松本清張シリーズ」の『火の記憶』もやりましたね。

――この大野靖子脚本、和田勉演出の「松本清張シリーズ」は『遠い接近』『天城越え』と傑作続きで毎回楽しみにしていたんですが、『火の記憶』は秋吉さんと高岡健二さんという『赤ちょうちん』コンビが主演というのでさらに期待も膨らみました。

『火の記憶』は高岡さんの恋人・頼子と亡くなったお母さん・ふみの二役で、少し『十六歳の戦争』にも似ているんですね。現代的な恋人は、いわゆるカウンセラー的な立場。一緒に彼の過去を手繰《たぐ》っていって、亡きお母さんの本当の心情を探って、彼にとりついたトラウマを解くんです。でも、私的には、あの二役をやるにあたっては、過去の女であるお母さんにものすごく惹かれましたね。七〇%ぐらいの配分でふみのほうに比重を置いていたと思う。今でも私が愛している役です。

――こういう清張作品のようなシリアスでリアルなサスペンスは意外に少ないのではないですか。

私のキャラクターのせいか、あんまりドロドロとした怨念を描く推理物などはお話が来ないですね。この前、樋口真嗣監督とお話ししていた時に「僕は怒った顔が絵になる女優が好きです」とおっしゃっていましたが、やっぱり松本清張作品などにはそういうシリアスさや危機感を醸す女性とか、何かしら裏さびれた酷い過去を持ってる感じが出る女性が似合っている。

日本テレビ火曜サスペンス劇場『可愛い悪魔』（'82）ロケにて。大林宣彦監督、赤座美代子と。

――ロッテリアやガソリンスタンドのかわいい店員さんではなく（笑）。

やっぱりロッテリアの帽子が似合ってほくほくしてる女の子は、松本清張には向いていない気がします（笑）。

――さて一九八〇年代に入りますが、まさに八〇年放映のフジテレビの連続ドラマ『妻は霧のなかで』もけっこう好きでした。

黒沢年男（年雄）さん扮する商社マンの夫が汚職の疑惑でつかまって、妻の私がいる社宅にマスコミが押し寄せるんですね。

――汚職のサスペンスを社宅の妻のホームドラマの側から描いているのが面白かったのと、音楽が『砂の器』の菅野光亮さんだったんですよ。秋吉作品では七七年の土曜ワイド劇場『青い鳥を撃て』もそうでしたが。秋吉さんにとって八〇年代に入ってまず印象的なドラマは何でしょう。

けっこう凄いなといまだに思うのは『天使が消えていく』。あれは博多で撮ったんです。

――一九八二年の木曜ゴールデンドラマですが、珍しくＦＢＳ福岡放送の製作。原作は夏樹静子、脚本は重森孝子、監督は森崎東。森崎監督はこのたび惜しまれながら他界されました。

和泉雅子さんがミニコミ誌の記者で、取材で出向いた大学病院で、重い心臓の病いを抱えた女の子の赤ちゃんを見かける。ところが私扮するその子の母親はちょっと問題のある水商売の女で、どうも子どもを虐待気味に扱っているらしい。心配になって和泉さんが私を追いかけるうちに、かなり思いがけない真実が見えてくる。

――異様な迫力のあるドラマだったのを覚えています。

森崎監督ですからね。ロケでは早朝から赤ちゃんを足もとの熱いボタ山に連れて行ったりして、一日じゅう連れ回すので、赤ちゃんが火がついたように泣きやまなくなったりする。そうしたら、監督が「君の抱き方が悪い」って私を怒るので、「だったらご自分で抱いてみてください」と言ったら黙ってしまいました（笑）。

――監督も失敗しましたね（笑）。

しかも赤ちゃんが一人しかいなくて、熱が出ちゃったり大変でしたよ。赤ちゃんは一〇〇人くらい用意するべきです（笑）。赤ちゃんを使うのは、それほど大変なんです。それから、私が死体となって博多の川に浮かんでいるというシーンがあったんですが、ちょうど台風が過ぎたあとでありとあらゆる汚いものが、川にあふれていて。そこで浮かんでいる時に、口が半分川の中に浸かっていたので、喉に菌がくっついて高熱を出して、大変な目にあいました。そんなふうに苦労はいろいろとあったんですけど、私の愛する作品です。映画にも出来そうなボリュームのある作品ですね。そういう意味では、この年の大林宣彦監督『可愛い悪魔』も、まさに映画のような作り方でした。

――日本テレビ「火曜サスペンス劇場」枠で放映された那須真知子脚本『可愛い悪魔』は、呪いの力で殺人を繰り返す八歳の少女と、彼女の音楽教師を任された秋吉さんの物語。秋吉さんには珍しいホラー作品ですね。

この時も他の出演者たちともの凄く仲よしだったんです。赤座美代子さん、佐藤允さん、渡辺裕之さん、そしてあの子役の女の子のティナ（・ジャクソン）。大林監督がとにかく俳優たちにピリピリ感を与えない方じゃないですか。だから現場に全く無用のストレスはなかったのですが、テレビ映画なのに一か月半もかかってしまった。

――その最たる理由は何なのですか。

大林監督が映像になかなか妥協しなかったからですね。まだＣＧが普及していない時期でしたが『可

『花も嵐も踏み越えて 女優田中絹代の生涯』（'84）ロケにて。渡辺祐介監督と。

愛い悪魔』は特撮が多かったんですよね。いろんな特撮の準備が午前中いっぱいかかっちゃって、スケジュールがどんどん押して行った。円谷プロのプロデューサーの宍倉徳子さんは前向きに臨んでいらしたので、ちょっとお気の毒でした。ちょうど私は、次に映画（『ウィークエンド・シャッフル』）が入っていたので一時抜けて、帰ってきた時にはスタッフがほとんど交替していました。

――それは大変でしたね。仕上がった作品は「火曜サスペンス劇場」枠でも類を見ない特異なタッチの作品になっていました。そして同じく日本テレビの「木曜ゴールデンドラマ」枠で印象的だったのが翌八三年の『片隅の二人』。お相手は本間優二さんですね。柳町光男監督『十九歳の地図』で鮮烈に注目された本間さんは根岸吉太郎監督『狂った果実』などで光っていました。

本間優二さんが人を殺してしまって、私が山荘でかくまうという話。まだ二時間ドラマが何かをやろうとしている感じが残っていましたね。演出は小田切成明さんでした。

――原作は曽野綾子ですね。

やっぱり、こういうものって後年の二時間枠ではやらなくなりましたよね。

――本間さんもいい作品に恵まれていましたが、もともとそこまで俳優志望ではなかったそうで八〇年代末には引退されました。

このすぐ後にやったＴＢＳ『エノケン―私が愛した喜劇王』も思い出深い。エノケンさんとずっと愛人関係で、五十歳過ぎてから結婚した芸者さんというのをやったんですね。現場に彼女本人が来てくれて、着こなしを教わったり、エノケンさんについてすごいいろいろお話を伺ったり、それが思い出に残ってます。エノケンさんは、刀剣の収集が趣味で、お弟子たちを並べて、酔って居合い抜きをやって、ぴたっと眉間で止めるんですって。

『花も嵐も踏み越えて 女優田中絹代の生涯』（'84）撮影現場にて。

——ちょっとそれは変態じみていますね（笑）。

お弟子さんたちを並べてそれをやる。でも彼女だけが逃げない。そんな関係で二人は結ばれていたそうなんですよ。エノケンさんは凄いアル中で、もうセックスも出来なかったらしい。魂と魂の結びつきだったとか……。この後の一九八四年、新藤兼人さんの『小説田中絹代』をもとにしたテレビ朝日『花も嵐も踏み越えて 女優田中絹代の生涯』が、ひとつの大きな節目となった作品でした。

田中絹代で解脱した

——これはテレビ朝日開局二五周年記念番組で、二週連続放映の力の入った番組でした。前篇が清水宏監督とのえにしを描いた「試験結婚の誤算」、後篇が溝口健二監督との関係にふれた「ベニスの恋」で、年齢の順で言うと高橋かおりさん、秋吉さん、乙羽信子さんの三人がリレーで田中絹代に扮しました。

ここで田中絹代の生涯を演ったことによって、女優を続けられるようになった。妙なこだわりがなくなっちゃったの。このドラマを演ったことで、ごく大道の演技をすることも何も恐れることはないということを学びました。それがすごく大きかった。何しろ内田ゆきは「普通のお芝居してたわね」とさげすんだような目で言うマネージャーでしたから（笑）、それがトラウマになっていて。何かまっすぐ普通の演技をやることについて恐れがあったんです。

——内田さんは「商品」としての秋吉さんを育てようとしつつ、その演技のテイストは普通ではいけなかったわけですね。

『花も嵐も踏み越えて 女優田中絹代の生涯』('84)
ベネチアロケにて。風間杜夫と。

そういうかたちに限定されると、それはそれで不自由なんですよ。でもこの時、何をやったって田中絹代なんだ、演技らしく演じてもいいし、存在を前に出して演じなくてもいいんだ、これをやったら私でなくなるなんてこともないんだ、何をやってもいいんだってことがわかったの。等身大の田中絹代、女優としての田中絹代、そして劇中劇の田中絹代、十代から六十代までやりきりました。一日に二七回以上着替えた日もあります。毎日二時間睡眠のハードスケジュールで疲労困憊したけど、なんだか凄く楽になったんですよ。渡辺祐介監督は、途中から唇が黒ずんで来ておかしいなと思ったら、翌年に亡くなってしまいました。肝臓がんか肝硬変か、そういう病気だったはずですが、あまりにも大変な仕事でお互い余裕がなかったので、もっと優しくしてあげればよかったなと思います。

――翌八五年のテレビ朝日『天璋院篤姫』では皇女和宮を演じましたね。

皇族の話し方を貫くということをテーマのひとつにしました。つまり、「私が有栖川宮熾仁《たるひと》親王とのお約束を反故にしてまで徳川に降嫁したのは、かくかくしかじかのお約束があったればこそ……」みたいなことを感情を交えた会話にしないで、全部通告みたいな感じのしゃべり方にしたんです。全部取りつく島もないロイヤルファミリーの語り方で演ってみた。

――皇女和宮のエピソードは幾度もドラマになっていますが、そういうものは無かった気がしますね。

演出の山内和郎さんはどうしたものかと思われたらしいのですが、ともかくお正月番組でそれをやってみたんです。これは映画だったらよかったのかもしれないけども、はたして三が日の三時間ドラマでの反響はどうなんだろうとやや心配していました。視聴者から大変面白かったと好意的な投書をいただいたそうです。にっこりなさって、お

テレビ朝日のドラマ『天璋院篤姫』和宮役の資料ポラロイド。

っしゃいました。

——今どきもそういう前向きな視聴者ばかりだといいですね（笑）。

ほっと胸をなでおろしました。こういう身分違いのところに来たのはこういう訳です、と表情も変えずに言う。そういうのを全篇にわたって演《や》ったんです。心配したけど視聴者の反響もよかったし、佐久間（良子）さんの美しい篤姫との差が出てよかった。お母さんとしてもこんなセレブ過ぎるお嫁さんにこられたら困っちゃうという感じが出て（笑）。

——八五年はTBSのスペシャルドラマ『血の華』もありますね。

これは私、大好きなんですよ。華道界の裏側をサスペンスタッチで描いた作品で、脚本は早坂暁さん、演出が龍至政美さん。画面が何もかも豪華絢爛で目を奪われました。ホテルのロビ

テレビ朝日のドラマ『花も嵐も踏み越えて 女優田中絹代の生涯』（'84）製作記者会見にて。原作・脚本の新藤兼人と。

フジテレビ男と女のミステリー『イスタンブール 黒いヴェールの女』（'90）トルコロケにて。草刈正雄、島かおりと。

ーに飾られたお花が幅二メートルくらいあって、テレビドラマ史上最も美術にお金を使ったんじゃないかと思うぐらいでした。

――やはりセット、美術は演技に影響を与えますよね。

大林さんの『異人たちとの夏』が代表例なんですが、私にとっては、セットがしっかりしていることは、凄く嬉しいことなんです。美術が出来ていることで、役作りの七〇%は終わります。セットは、自分の鏡ですからね。『血の華』の私は、自分とは思えないほどとてもエロティックに撮れていて、この年の映画『ひとひらの雪』と並んで二大妖艶作です。

――でもヌードシーンがあるわけでもないですよね。

背中一部、内股一部、それがなんともエッチなんです（笑）。

――馬鹿な質問ですが秋吉さんがテレビの表現コードのなかで最も露出に挑んだ作品は何なのでしょう（笑）。

それは意外や稲垣吾郎ちゃんと共演した『名探偵・明智小五郎 江戸川乱歩の「陰獣」』かもしれない。ジャニーズ事務所的にはきっと珍しかった「土曜ワイド劇場」です。

――一九九八年の佐藤嗣麻子監督作品ですね。あれはそんなに露出度の高い作品でしたっけ。

実は吾郎ちゃんとお互いの裸を補い合うようなかたちで、露出度高かった。身体のアウトラインを寄りでなぞって撮ってカッコよかったです。シリーズにするはずだったんですが、あまりにも時間がかかって大変なので（笑）続きませんでしたね。

――さて八〇年代に話を戻しますと、八七年の日本テレビの「火曜サスペン

『イスタンブール 黒いヴェールの女』（'90）
トルコロケにて。

ス劇場」枠の『原子炉の蟹』というのが気になりますね。原子炉で被曝した他殺体が見つかった後で連続殺人に発展するサスペンス。原作では主人公は男性のベテラン新聞記者でしたが、秋吉さんの女性記者に変更されています。

　これは日活ロマンポルノの西村昭五郎監督で、とてもかわいがってくれました。私は特別な意識もなく普通のサスペンス物として演っていたのですが、今思うと、原発の原子炉を描いた作品だから意味の深いことだったんですね。今となってはもう作れないでしょう。もっともこれは原子炉を批判している映画ではなくて、その中で起こった殺人を軸にしたミステリーなんですが。

――後の三・一一の原発事故以降の報道で耳にする「タービン建屋」みたいな耳なれない名称が、このドラマでは使われていた気がします。ところでこの八〇年代後半から九〇年代前半の、まさにバブル期に秋吉さんの予期せざる人気シリーズが生まれるんですよね。

　そうなんです。八八年のフジテレビ「男と女のミステリー」枠の『復顔 ペルシャ絨毯の女』という作品がかなり高視聴率で、しばらく海外ロケがお約束の「女」シリーズが続いたんです。私も『田中絹代の生涯』の後は、こういう肩のこらない旅情サスペンスみたいなエンターテインメント作品も悩まず堂々と演れるようになった。

――『復顔 ペルシャ絨毯の女』は、ペルシャ絨毯のなかに失踪した人妻の顔が発見されたことからシンガポールへのミステリー紀行が始まる、といったお話。この好評で、同じく竹山洋脚本、永野靖忠監督というチームによる『望郷 中国服の女』が制作され、翌八九年に放映されました。

　これが凄い話で、男に貢ぐために銀行員の女性がお金を盗んで、捕まる前にシンガポールに逃げて、なんと中国服を着てカナリア占いの女になってんですよ（笑）。

フジテレビ金曜ドラマシアター『命のビザ』('92)
スロバキアロケにて。

――それは面白すぎますね。

シンガポールの中国人街で、ゲストハウスみたいなところに泊まってるわけですよ。そこにたまたま離婚してふらりと旅に出た刑事の神田正輝さんがやって来た。それで本庁から電話が入って、神田さんが捜査を始める。捜査をしてみると、どうもこのカナリア占いが怪しいとなって、問い詰めるんです。「おまえは本当は中国人じゃないだろう」って。すると私、「ナンデソウイウノ? ワタシ、チュウゴクジンヨー!」って一度も中国語を話さないで抗弁するんですね(爆笑)。

――もうお腹が痛いです(笑)。

そしてあげくの果てに、なぜか神田さんが窓の外を見て「砂山の砂を指で掘ってたら」と石原裕次郎さんを唄い出すと、「まっかに錆びたジャックナイフが出て来たよ」って、いつしか私も声を合わせて唄うんです……もうそこで犯人じゃないですか、ほら引っかかったって(爆笑)。それなのに、その歌を歌って二人で恋に落ちるんですね。

――ええ(笑)。

それで恋に落ちて、神田さんはもしかしたら私が犯人かもと思いつつ本庁には言わずに、やがて傷心のままシンガポールから引き揚げる。そして神田さんがスキーがうまいから、どこかのスキー場のインストラクターになってるんですね(笑)。そして、そんな犯罪者なのにいったいどうやって入国できたのかと思うんだけど、彼女は命がけで、もう捕まってもいいと思って、スキー教室がある(笑)雪山へ向かうんです。そして別れた時の中国服を着て、自殺するんです。なぜならば、私はあなたの〝中国人〟ですよと彼に言いたかったから、という悲恋なんです。ちょっと話はめちゃくちゃだけど、悲しいいい話ですよ(笑)。

『命のビザ』（'92）スロバキアロケにて。

——大映テレビらしい作品ですね。本当に荒唐無稽ですけど、これが凄い視聴率を弾き出して翌九〇年の『イスタンブール 黒いヴェールの女』が作られたんですね。

二時間ドラマとしてはめったにない視聴率だったらしいんです。

——『イスタンブール 黒いヴェールの女』は、新聞記者の草刈正雄さんがトルコでミステリアスな美女の秋吉さんに出会って殺人事件に巻きこまれてゆく話。秋吉さんが、こういう七〇年代なら出なかったかもしれない旅情ミステリーを受けるきっかけは何でしょうね。

何だったんでしょうね。もちろん内田ゆきがやりなさいと言ったからではあるんですが。でもこのおかしいと言い出したらきりがないドラマで、凄い高視聴率を取り、たくさんの視聴者が喜んでくれた。しかし二時間ドラマでトルコロケなんて、今だったらあり得ないですよね。実は、ドラマの内容とは関係ないんですが、この撮影の時にちょっと記憶に残っていることがあって。

——トルコでの出来事ですか。

トルコに、七つぐらいのスーツの男の子がいて、五つぐらいの子と三つぐらいの子が彼の部下なんです。要するにストリートキッズ、チビっ子ギャング団です。下の子たちは安っぽいポストカードを売っている。印刷もひどい。ボス格の男の子は、一〇〇〇円ぐらいするコマも売っている。私は三つも四つも同じようなポストカードを買わされたから、もうこれ以上はムリ、ごめんねって言っても、チビたちが「もっと買ってもっと買って」と絶対引き下がらないの。それで仕方なく買ったら、ボスの七つぐらいの男の子が、目の前で売ってるコマを凄く上手に回して、「やるよ」ってそのコマをくれた。何だこのかっこよさは、とほだされました。『勝手にしやがれ』のジャン＝ポール・ベルモンドを彷彿とさせ

『命のビザ』('92)スロバキアロケにて。

る。きっとそのままストリートキッズから本当のギャングになって、やさぐれていくんだろうけど、こんなガキんちょの頃からそういう気風が培われてる。ある種の感動がありました。

――映画のひとこまのような、画で浮かぶいいお話ですね。さて、これらのハチャメチャな面白さの大映テレビ作品とは真反対の企画ですが、九〇年代に入ってまず心に残る作品は『命のビザ』だそうですね。九二年のフジテレビ「金曜ドラマシアター」特別企画で、演出は大山勝美さん。これはあの外交官として赴任していたリトアニアでユダヤ系の大量難民にビザを発行して救済し、「東洋のシンドラー」と呼ばれた杉原千畝さんの話ですね。杉原千畝役は加藤剛さん。

これはスロバキアのブラチスラヴァにロケしたんですよ。いまだにヨーロッパの田舎という感じで、やけに野菜がおいしかった。これは戦争の場面を、現地の軍隊の協力を仰いで本物の大砲を使ってやることになりました。そこで私はやっと戦争というものを知ったんですよ。劇中で私と親しいドイツ軍の将校が、私が砲火のなか逃げる時に「だめだ、そっちに行っちゃ。伏せて!」というシーン。リハーサルで動線も確認していたのに、実際の大砲を撃つと土煙で何もかも見えなくて真っ暗。しかもそこらじゅう深い穴だらけで走れない。空砲なのに、耳もキーンってなっちゃって何にも聞こえない。

――これがホンマモンの戦争なのかと。

戦争映画で、よく兵士たちが砲火のなか会話したりしているけど、あんなの嘘だなって思った。しかも空砲でそれですよ。いやもうびっくりした。カットがかかっても何にも見えないし、カットをかけた側もどこに誰がいるかも見えなかったんじゃないかな(笑)。だから、ああいう戦争シーンって赤や黒の煙を流して、派手に見える仕掛けで爆発させて、くらいの感じでやら

『命のビザ』('92)スロバキアロケにて。

ないと演技もコミュニケーションもあったものではないです。でもこの作品は本物の大砲を撃ったということで、私は滅多にない経験が出来ました。

――数ある出演作のなかで、よもやそんな経験までされているとは思いませんでした。

あれが実戦であれば、誰かの腕か何かが飛んで頭にぶつかって来たり、気がついたら自分の足もなかったりするんだろうな。それはもうとんでもないことだと身をもって知りました。

――それをはじめとして現地の人たちは協力的だったんですね。

そうですね。ブラチスラヴァで思ったのは、ヨーロッパの人はやはり凄いなと。歴史がある。ロケ時が夏でひじょうに暑かったんです。でもユダヤ人が着の身着のまま国を追われるシチュエーションなので、人によってはツイードの上からまたコートを着て駅に集まっている。そんな設定でも、彼らはひとことも暑いなどとは言わない。忍耐強いなあと。ちゃんと内容を理解して本気になってやってるんだなと思いました。海外でロケをすると、しばしばそういうことを感じさせられますね。

――海外ロケと言えば、この前年の九一年、戦時中の淡谷のり子さんを描いた『もう一度別れのブルースを　淡谷のり子物語』で中国ロケをされていましたね。脚本は内館牧子さん、監督は『地球《テラ》へ…』の恩地日出夫さん。

淡谷のり子さんが、上海の戦線の慰問に行くという時に、もんぺをはいてくださいと請われる。でも、「私たちはそういう仕事じゃない。芸能で夢を与えてみんなを元気づけるのが仕事です。歌手がもんぺをはいて誰が喜びますか」と主張して、今の時代のように忖度することもせず、特高に呼び出されたりする。それでももんぺをはかない。そして上海の戦地までドレスを着たまま慰問に行くんですね。

フジテレビ『のだめカンタービレ』('06) 撮影現場にて。竹中直人と。

――当時の上海は今とは大違いですよね。

上海の飛行場でビザを出してもらわなきゃいけなくて、なんとロケ隊はみんなビザもないまま飛行場で待ってるんです。万一ビザが出なかったら、そのまま飛行機で帰ってくるという賭けのようなロケです。でも、ちゃんとビザも下りて、上海の田舎にもロケに行けました。そこで中国人のエキストラが扮した日本兵を前に歌うシーンを撮ったんです。中国のエキストラたちが日本兵の服を着て一〇〇人、二〇〇人といる前で、私は二重のつけまつげを離してつけて、限りなく淡谷のり子さんに見た目を近づけて口パクで歌った。彼らはエキストラじゃなくて日本の兵隊そのものでした。そんな人たちが、私が口パクで歌ってるのを聴いて泣いてるんです。天安門事件の少し後のことですが、どういう気持ちで生活を送っているのかと心が痛みました。

――でもそんな中国で、また秋吉さんの発言が物議を醸したとか（笑）。

ロケが終わった後、上海のお役所の偉い方がロケのねぎらいの席を設けてくださったんですね。中国では最大の歓待のしるしとして、ウェイターに任せたりせずに最高位の方がご自分で北京ダックを取り分けたりするわけですが、その時も上機嫌で「皆さん、中国は物価が安いですからどんどんお土産を買って帰ってくださいね」っておっしゃったんです。それで私は「はい、どんどん買いたいのですけれども、値段だけじゃなくて質も大事ですよね」って言ったんですね。それを通訳がそのまま訳してしまったから、その方は顔色が変わって（笑）……決して和気あいあいではなくなってしまったんです。

――またやってしまいましたね（笑）。

そうしたら恩地監督が慌てて、通訳に「秋吉くんは日本でもいろんなことを言い過ぎて物議を醸してるから気にしないでください」と言いなさいと（爆笑）。でも何十年も経ったけど、私はいまだに悪いことを言ったと思ってないんですよ。いまだにそこが中国の問題だと思うし、そこをクリアしたらもう何も怖くない国になると思います。むしろライバルに秘密を教えちゃった？かな？（笑）

――今や5Gの覇権を中国が握ったらどうなる、みたいな状況ですから隔世の感ありですね。

あの頃、上海は今の未来都市のような上海とは全く違っていて、川端にホテルが数軒あっただけでした。デパートでもすぐにトイレが詰まって使えなくなるし、蛇口の長さに対してシンクが狭いので、手を洗おうとすると下がビチャビチャになる（笑）。それが今や北京の空港はダース・ベイダーの宇宙基地みたいな建築で、もう成田のほうがしょぼい。中国の発展は凄まじいですね。もしかしたら私のせいかもしれない（笑）。あの時「安くて最高です！」って言っておけばよかった（爆笑）。

運命の大河を泳いで

――こういったさまざまなテレビドラマにも出演されてきましたが、二〇〇六年のフジテレビ「月9」ドラマ『のだめカンタービレ』では国際的指揮者とゆかり深き音大理事長に扮したり、二〇一三年のNHK大河ドラマ『八重の桜』では会津戦争で女たちを束ねた総取締役の山川艶に扮して東日本大震災以後の故郷・福島にエールを送ったり、と話題作に招かれていますが、二〇二〇年の日本テレビ『知らなくていいコト』にも秋吉さんならではのカッコいい役で登場されていました。

あれは主演の吉高由里子さんが私に関心を持ってくださっていたようで、吉高さんのママ役でお話が来たんです。

初リサイタル「優しい男と愛《いと》しい女のコンサート」（'16）より。

――それはとてもいいお話ですね。私も以前、吉高さんとお仕事をしたことがありますが、確かにちょっとかつての秋吉さんを彷彿とさせる瞬間もあって、この母娘の設定はわが意を得たりでした。ネットでも秋吉さんと吉高さんが本当の母娘に見えてしかたがないという感想が数多く見られました。しかも秋吉さんの役が、映画評論家で字幕翻訳家でもある女史というのがよかったですね。ああいうインテリで気風がよくて華のあるマダムというのは、とてもお似合いでした。しかし、秋吉さんのエッセンシャルな部分はあの七〇年代からフレッシュなまま変わっていない気がして、そこが驚きです。

でも変わらないというのも困ったもので、二〇一六年に出た黒土三男さん脚本のNHK「ドラマ10」の『愛おしくて』では、岐阜の絞り染め作家でビジネスにも成功している女の役で、三十歳も下の田中麗奈さん扮する新進作家にライバル意識を燃やしたり、激しく嫉妬したりするんです。私はとにかくディレクターの方々に「私を大ベテラン女優として扱わないでください。そうでないと私に成長がなくなりますから、変だと思ったら言ってください」とお願いしました。するとある日、さっそく「秋吉さん、変です」とご指摘がありまして（笑）。

――それはいったい？

激しく嫉妬にかられてる顔のアップを撮ろうと思ったら、また「八丈島のきょん」みたいな顔をしているんだそうです（爆笑）。それで、慌ててそう見えないアングルやライティングなどもご相談してシャープなコワい顔にしてもらいました。まあそんなふうにまだあのロッテリアやガソリンスタンドの気のいいおねえさんから抜けきれていないのかなぁ。だからやっぱりシモーニュ・シニョレはいいなあ。あんな顔になれたらなあと、ないものねだりを続けているんです。

——そんなところも含めて、いつまでもいきいきと変わらない秋吉さんですが、つまり「秋吉久美子」は大ベテランというポジションに安住せずに、今もなお現在進行形で成長中、生成変化を続けているところが存在としてスリリングだと思うのです。そんな秋吉さんにとってこうしてふり返ってきた映画やテレビドラマのなかで「演ずる」ということの愉しみって何なのでしょう。

宿命論者としては、女優になったというより、時代に選ばれて女優という石として、ポンと置かれたような気がしています。今振り返れば、濁流を浅瀬として歩いて来てしまった感じです。女優は、職業ではなく存在、あるいは存在を追求してよい職業と思っています。存在ですから、丸い時もあり、尖っている時もあり、下手な時もあり、上手い時もある。世間的な意味の好感度を目指して成長とするのが生きる目的であれば、一般社会の中でもできたのではないか、と考えます。石として置かれた以上、石はその意味を生涯背負っていく。女優という存在を委ねられたからには、役を通して役を生き抜くことで成長することこそ、何を置いても守り抜くことであるべきです。

——そうそう、それは「前向きにディフェンシヴ」ということですよね。

そう。防御は最大の攻撃です。

調書

2

秋吉久美子論

秋吉久美子を語る

秋吉久美子、逃げ去る恋のように

樋口尚文

秋吉久美子は、自らを「宿命論者」という。そして自分の天分や努力が伴っていたかどうかは判らないが、さまざまな情況とのめぐり合わせによって女優という職業に就くことができた、という韜晦《とうかい》のニュアンスも籠《こ》めつつ、「時代によって選ばれて女優になったのかもしれない。そうであるとしたら、女優でなければできない思考や仕事を重ねていかないといけないと思っていた」とかつて課していた仕事へのこだわりについても語っていた。

しかし実際に秋吉久美子という女優が登場し、熱い注目を集めた一九七〇年代当時のことを回想すると、その女優としてのありかたやデビューのタイミングも含めて、やはり彼女は日本映画史のファム・ファタルではなかったかと思わざるを得ない。それは端的に言えば、彼女の登場が産業としての日本映画の転回点に重なったこと、そして彼女の演技のスタイルがたまさかその転回点にふさわしい質のものであったことゆえである。

こう記すと、秋吉久美子は一九七〇年代を特権的に背負い、反映した、あの時代を象徴することにおいてのみ突出している女優だと思われるかもしれないが、それも誤りである。当時の多くのファンは、秋吉は七〇年代の青春の代名詞として記憶し続けているかもしれないが、それは厳密ではない。もちろん秋吉は、強烈に七〇年代的なるものを映してスクリーンに弾けていたし、彼女の人気を起爆させたホットスポットは間違いなくそこにあるのだが、そのフィルモグラフィを直視すれば彼女をそこのみに要約するわけにはいかなくなるのだ。そして秋吉久美子の秋吉久美子たる所以《ゆえん》も、まさにその点なのである。ありていに言えば、彼女は自らを七〇年代的に、もしくはそうでないものとしてわかりやすく要約しようとするまなざしから一貫して「逃走」してきたのである。こんな女優は、日本映画史に類を見ない。

あたしは天使じゃないよ
いつでもその手で逃げてきた
あたしは天使じゃないよ

（秋吉久美子「つかのまの久美子」一九七七年　青春出版社）

さて、まず秋吉久美子が現れた時代の日本映画の情況を思い出してみる。一九七二年、福島県いわき市の県立女子校の三年生だった小野寺久美子は、深夜放送で女優公募の告知を聴いて、斎藤耕一監督の松竹映画『旅の重さ』のオーディションを受け、主役は文学座の高橋洋子に譲ったものの、スタッフに気に入られて小さな役で出演する。本作の原作者である素九鬼子は『旅の重さ』や『パーマネントブルー』（これは『パーマネントブルー　真夏の恋』として秋吉主演で映画化される）などの小説で注目されたが、当時のディスカバー・ジャパン的な、田舎での自分探しを称揚したこれらの作品はいかにも七〇年代的なフレーバーをまとっており（斎藤耕一も当時『旅の重さ』『津軽じょんがら節』をもって注目され、同じ文脈での「流行」感のなかにいた）、その『旅の重さ』でよりによって「自殺する文学少女」に扮した秋吉は、いきなり七〇年代的なるものの凝縮点のようなところにいたわけだが、この作品をもって（にわかに考案された「秋吉久美子」という抜き差しならない芸名は誕生したが）女優・秋吉久美子が生まれたわけではない。なぜならこの映画は地味に公開され、小野寺久美子はごく普通の地方の進学校の生活に舞い戻ったからである。

翌七三年、あいにく受験に失敗した秋吉は浪人生活を送ることとなってげんなりしていたが、偶然にも巡業に来ていたアングラ劇団「はみだし劇場」の公演を観に行ったところで、長年のマネージャーとなる内田ゆきの目にとまってスカウトされる。内田ゆきは、「はみだし劇場」主宰の劇作家・内田栄一の夫人であった（内田栄一は後に秋吉の代表作である映画『妹』『バージンブルース』の脚本を手がける）。これをきっかけに女優として芸能活動を始めた秋吉は、さっそくTBSポーラテレビ小説『愛子』などに出演するようになるが（この年の日本テレビ『太陽にほえろ！』で松田優作のジーパン刑事が初登場する回には、秋吉が事件の被害者役でチラリと顔をみせる）、この頃に秋吉は初主演の映画を撮っている。

それは松本俊夫監督『十六歳の戦争』で、終戦間際の豊川空襲で亡くなった女子挺身隊の女性の霊が七〇年代の現在を生きる女子高生を依り代として（両者が秋吉の二役）語り出すという、鎮魂のファンタジーなのだが、通常の作劇や映像ではない松本俊夫ならではの実験映画的な試みが随所に盛り込まれていた。後に松本俊夫監督は、この映画のオーディションに秋吉がモーリス・ブランショ『文学空間』を携えてやって来た（！）と述懐していたが、秋吉はこのアンダーグラウンド映画の鬼才による意欲作で堂々の主演を果たしたのだった。ところが、なんと本作はその難解さのせいか興行が見送られ、三年もの間お蔵入りしてしまう。

こうした結果、われわれ七〇年代の観客が初めて主演女優としての秋吉に出会うのは、翌一九七四年三月二十三日公開の日活映画『赤ちょうちん』で、酷薄な都会生活のなかで若い夫と転居を重ねるうちに精神を病み、ついに発狂に至るという役柄も相俟って、秋吉のもてる自在な演技の魅力が衝撃的に焼き付けられた。これが実質的に映画女優・秋吉久美子が誕生した瞬間であった。この作品を監督した藤田敏八と波長が合った秋吉は、続いて同年八月十四日公開の『妹』、十一月二十二日公開の『バージンブルース』と年内になんと藤田監督による三本もの主演作を放った。同年暮れに日活で公開された沢田研二主演、藤田敏八・加藤彰共同監督の七五年正月映画『炎の肖像』にも秋吉は出演しているので、なんと日活は七四年の春休み、お盆、秋、正月の興行すべてに秋吉の出演を請うており、当時の秋吉人気の沸騰ぶりを物語っている。

そしてくだんの『赤ちょうちん』『妹』『バージンブルース』の藤田敏八監督による主演三作は〈秋吉久美子三部作〉として決定的に秋吉の魅力を観客や批評家、記者たちに知らしめ、女優としてのプレゼンスを一気に打ち出すことに貢献した（これが本当の初主演作である『十六歳の戦争』という超俗的な実験作であったとしたらこうは運ばなかったかもしれない）。この七四年の秋吉はたちまち忙しくなって他にも岡本喜八監督の東宝映画『青葉繁れる』やＮＨＫ『天下堂々』、日本テレビ『女子高校生殺人事件』などのドラマにも出演していたが、やはりなんと言っても藤田敏八〈秋吉久美子三部作〉のインパクトは強烈で、日本雑誌記者会・芸能記者クラブが選定する一九七四年度のゴールデン・アロー賞では、〈秋吉久美子三部作〉を対象に秋吉が最優秀新人賞に選ばれた（ちなみにこの年の映画賞は『砂の器』スタッフに贈られた）。まだビデオもない時代、当時の名画座では〈秋吉久美子三部作〉を三本立てで上映する館も数多く見られ、大学生や若いサラリーマンの映画ファンが秋吉の演技とイメージに魅了された。

さて、映画女優・秋吉久美子がこういうかたちでわれわれの視界に浮上してきた時のニュアンスを、当時の映画界の情況に絡めてもう少し細かく語っておくと、この『赤ちょうちん』『妹』『バージンブルース』は、七一年以来、低予算即製の「ロマンポルノ路線」が基本になっていた日活がたまに予算をいくぶん増やして製作する一般映画の枠で製作公開された。

一九五八年に戦後の日本映画の観客動員数はピークを迎え、以後は量産による企画のマンネリ化、テレビ受像機の普及、レジャーの多様化といった要因が合わさって地滑り的な興行の不振に見まわれた。そして七一年には邦画五社の雄だった大映が倒産し、明朗な青春映画や無国籍アクションで一世を風靡した日活は、邦画黄金期に「東洋のハリウッド」と呼ばれた広大な撮影所の敷地をマンション用地として切り売りし、映画製作は性描写を売る成人映画を軸にした「ロマンポルノ路線」へと転じた。時代劇から任侠路線で持ちこたえていた東映も興行は落ち込み、よりハードな描写を求めて実録やくざ路線や独自のポルノ路線を打ち出した。ホワイトカラー向けの洒脱な喜劇や文芸作品が多かった東宝も劇画原作の過激なセックスや暴力を含む企画を採用し、あの穏健で無害なホームドラマ、メロドラマがラインナップを占めてきた松竹さえ、七三年には劇画原作の『同棲時代 今日子と次郎』の宣伝で伝説的な由美かおるのオールヌードをポスターにして物議を醸した。

要は秋吉久美子が登場した頃の邦画は、長い興行不振にあえぎ、各社こぞってエロスとバイオレンスを売り物にする方向になだれこんでおり、倒産直前の七〇年に大映からデビューした関根恵子（高橋恵子）は『高校生ブルース』『おさな妻』といった作品で脱ぐことを求められ、大映倒産後も東宝の『朝やけの詩』で彼女のヌードが唯一最大の売り物とされた。まして当時の日活というレーベルは「ロマンポルノ路線」で警視庁に摘発され裁判沙汰になっていたからには性表現の急先鋒であったわけだが、一方でその「ロマンポルノ路線」は反権力的で尖鋭な作家性の輩出するところとなり、神代辰巳、曾根中生、田中登をはじめとする監督たちの作品は批評的にも極めて高い評価を得るようになっていた（東映も実録やくざ路線から『仁義なき戦い』を筆頭とする傑作群が生まれ、邦画のエロスとバイオレンスへの傾斜は思わぬ表現の可能性の拡張にも結びついていた）。まさに「ロマンポルノ路線」前夜の日活青春映画の最後の頂点となった『八月の濡れた砂』を監督し、「ロマンポルノ路線」に転じた後も意欲作を放ち続けた藤田敏八も、そういった鬼才たちのひとりだった。

したがって当時の見られ方を再現すると、「日活の一般映画」から本格デビューすることになった秋吉久美子に求められたのは、このたびのインタビューへの答えを引用すれば「往年の明るく夢のある青春物ではなく、ロマンポルノのしっぽもくっついた、イデオロギーを伴ったエロスみたいなもの」を志向した映画のヒロインになることだった。それこそかぐや姫の楽曲「赤ちょうちん」で描かれた四畳半フォーク的なわびしい夕景をバックに、相手役の高岡健二ともども裸で向き合うポスターのビジュアルも「限りなく不透明な青春とエロスみたいな感じ」であった。

秋吉久美子が登場する以前の、一九六〇年代以前の映画女優は、田中絹代であれ高峰秀子であれ原節子であれ山本富士子であれ有馬稲子であれ若尾文子であれ吉永小百合であれ、映画撮影所というシステムのなかで女優としてのイメージも売り方も規定され、撮影所のもてる人材やインフラの総合力によって女優像を創りあげられていた。だが、秋吉が現れた頃の撮影所はこうして往時のポテンシャルもなく、日活というレーベルはあれど黄金期の日本映画のような豪勢な予算には事欠く状態であった。だが、それと引き換えに「ロマンポルノ路線」以後の日活にはかつての凡庸なプログラム・ピクチャーにはなかった自由さと勢いがあったし、撮影所というインフラがある以上は、さすがにATG映画や『十六歳の戦争』のようなインディーズ作品の現場よりはゆとりがあった。

また、表現コード的に言えば「ロマンポルノ路線」以後の季節の女優である秋吉にとっては、六〇年代までの撮影所専属のスタア女優のように「脱ぐ」ことが女優生命のかかった「禁忌」であったわけでもなく、それを含めて性表現全般について先行世代の大女優たちのように過敏であったわけでもない。

事ほどさように、映画の製作規模には「往年のプログラム・ピクチャー未満／インディーズ作品以上」ゆえのフレキシブルさがあり、セックスやヌードにまつわる表現レベルには「往年のプログラム・ピクチャー以上／ロマンポルノ未満」の濃度があった「日活の一般映画」の間合いは、もはや秋吉久美子というかつてない個性を存分に引き出すための要件が揃いきっていたと言えるだろう。つまり秋吉久美子は映画情況の七〇年代を体現していたのではなく、映画情況の七〇年代が秋吉久美子という女優のもてる資質を最高のめぐり合わせで全開させたのだ。

さて、それではこうした背景あって望ましいかたちで像を結んだ映画女優・秋吉久美子の演技やイメージは、六〇年代までの撮影所スタア女優とどんなふうに違っていたのだろうか。くだんのフレキシブルさの観点で言えば、演劇的な技巧で自分の生地を隠すこともなく、臆せずごく自然に自らの素材をさらけ出す秋吉の演技は、当時の日活の自在さ、とりわけ藤田敏八のように、あえてラフで鷹揚な構えをもって演技や情況のうまみをすくいあげていくやり方こそが似つかわしかった。ここで二〇一〇年の、秋吉久美子と私の対話を引用すると、

秋吉　映画というのは、陶芸家みたいにその時々の温度とか湿度とか自分の計算の及ばない要因まで含めて、手放していく仕事ですよね。映画を豊かにするためには、俳優だって意識的な演技で全てを埋めようと固執しないで、手放すことが必要だとこの頃は思う。がっちり芯を構築しているパキさん（藤田敏八監督）が、新人だった私の演技の自由な糊しろを設けてくれていたように……

樋口　いわば放牧ですね（笑）。
秋吉　え、放牧？（笑）うん、放牧かもしれないね。
樋口　秋吉さんは、つまるところ遊牧民のほうが合っているんじゃないですか。
秋吉　フフ、そうなのかな。やっぱりそうかも知れないですね（笑）。

（「キネマ旬報」二〇一〇年五月上旬号〈素晴らしき映画女優〉14 秋吉久美子）

この時の秋吉の言葉を借りれば「自分ががっちり作った骨格に対して、役者とか現場の環境とかその時々の状況のバイブレーションを合気道みたいに利用しながら、自分の構想するもののかたちに微調整していた」藤田敏八の間口の広さ、自在さゆえに、秋吉のナチュラルで、時として気まぐれな演技の面白さをもれなく拾い上げることができたはずなのである。役柄を絵に描いたようになぞるのではなく、時としてそこから逸脱するくらいの襠《まち》がなければ秋吉の遊戯的な演技は収縮してしまうだろう。

そして今ひとつのセックスやヌードなどエロスについての表現の濃度について言うなら、六〇年代までの撮影所スタアが自分の主演作でバストトップまでさらし、幾度も劇中で裸で性的なシーンを演ずるというのは、まずはあり得ないことだった。今となっては意味不明のことと思われるかもしれないが、群小ピンク映画はいざ知らず、邦画五社の作品にあってはバストトップを見せてはならじという倫理的な防衛ラインは驚くべきほど頑なものがあった（それはほとんど思春期の小中学生レベルの過敏さだったが、現在もシネコン向け作品などではクレーム怖さにそこへ舞い戻っている）。

だが、秋吉ともなると、「脱ぐ」ことの表現としての意味も（その娯楽性＝興行価値も含めて）納得しているのでむやみに「脱ぐ」ことへの抵抗もなく、すでにお蔵入りとなっていた『十六歳の戦争』でも美しい裸身の沐浴を披露していたし、『赤ちょうちん』でもごく自然に裸を見せていた。ただしこれらは映画の物語上の文脈にそって見せている裸像であって、それゆえに『十六歳の戦争』のヌードは個性的で溌剌とした少女のうつろう感情を体現していたし、『赤ちょうちん』のヌードはいかにもリリカルで傷ましいものがあった。

こうして作品世界の一部を担うために「脱ぐ」ことは表現の一環とみなしていた秋吉だが、多くのマ

スコミでは「脱ぐ」ということだけに注目して書きたてるケースが多くて辟易したもようである（当時の芸能記事的なレトリックで言えば「脱ぎっぷりがいい」女優の「体当たり演技」は大変好意的に受け止められ、応援の対象とされた）。このことへの不満については、まさにその当時の秋吉がこのように明晰な発言をしている。

松本（俊夫）さんのときも『赤ちょうちん』のときも、脚本を読んだ時点で、ヌードになる必然性は納得していましたから、抵抗はなかったんです。ですから脱ぐこと自体は、何のためらいもありませんでした。むしろどう撮られるのか、楽しみなほどでした。（中略）ただ私が悲しかったのは、脱いだ後のことです。自分が納得して、素直になって、誰に命令されたのでもなく、自分の意志で脱いだのだから、そこには私なりの必然性が成り立っているのに、周囲はそう思ってくれないんですね。どうしても、脱いだ、という、その部分だけをクローズ・アップして、センセーショナルに、いわゆる売ろうとする。映画全体を、トータルなものとして売るのでなく、ヌードだけに興味をしぼっていく、というやり方は、何だか卑しくって、それがとても悲しかった。

（「キネマ旬報」一九七四年九月下旬号「秋吉久美子　映画と自己についての総てを語る」）

この点については七四年当時から現在の本書に至るまで、秋吉の見解はみごとに変わらないのだが、しかしここまで騒がれたというのも、やはり秋吉の裸像が美しく鮮烈だったからに他ならない。裸の肢体の表現は、当時の秋吉を語るうえではずせないだろう。すなわち、秋吉は二十歳そこその少女とは思えないくらいの早熟で尖鋭な批評眼と教養を身につけていたのに、見た目はロリータ的な風貌で時として幼児性をふりまき、それなのにふくよかな乳房の対置がアンバランスな魅力を醸し出していた。

秋吉は『赤ちょうちん』の幸枝という役のせいで自分が相当頭がとろいと思われたと苦笑していたが、それとてこの肢体の表現がものを言ってのことだ。秋吉の悪戯っぽい表情のチャイルディッシュな浮遊感覚に乳房の陰翳と重力が加わって、えもいわれぬ抒情が生まれるのだ。

このように潤沢な商業映画とインディーズ映画のはざまにおいてこそ、あるいは一般映画とロマンポルノのはざまにおいてこそ、秋吉のいわゆるプロフェッショナリズムとアマチュアリズムのはざまを、クラシックな演技と肢体の演技のはざまをゆらぐ「不安定性」の魅力はぞんぶんに発散されたのであった。それはひとえに七四年の日活の「ロマンポルノ路線ではない一般映画」で本格デビューしたことで実現したことであって、その僥倖を「時代に選ばれた」とありがたく思うのは正しいことである。

ところでこの秋吉の演技の、というよりも存在の「不安定性」の魅力は、こういう映画とのめぐり合わせによって目覚ましく発露することになったが、そもそも彼女にはどういう経緯でこの「不安定性」が身に付いたのだろう。「不安定性」というのは「定まらなさ」「決まらなさ」と言い換えてもいいかもしれないが、当時の秋吉はあのプロアマの境界をあえて往還するような演技や、変に理屈っぽい大人っぷりといきなりの幼児性が交互に現れるイメージは、同世代の新進女優とは一線を画す「不安定性」「定まらなさ」の魅力を発散していて、それこそが秋吉を蠱惑的な存在にしてきたエッセンスと考える。

ここに秋吉が蔵出ししてくれた、一九七二年のクリスマスの頃に刊行された高校の文芸クラブの文集がある。秋吉は文芸クラブの部長だったので、発行責任者は「小野寺久美子」で、秋吉自身も「小野寺久美」の筆名で詩や小説を寄稿している。その「冷たい砂」と題された小説は高校生が書いたとは思えない筆力の作品で、それこそ素九鬼子のようでもあり、吉行淳之介のようでもありなのだが（この一年前に発行された文集でも秋吉は「鏡」という小説を寄稿しているが、これもすでに早熟なクオリティだった）、ちょうど『旅の重さ』の現場に参加して映画も公開された直後の小説なので、そこでの経験が反映されているように読める。肖子という主人公が一〇日ほど行方知れずになっていて、友人たちが尋ねると彼女は太平洋沿いの海辺の村にひとり旅をしていたらしい。おもむろに自分探しの旅路を回想する肖子は、学生運動に傾倒し、疲れ果てた友人のことを思いながら、こんなことを心の中でつぶやく。

木村千恵は高校時代からすでに多くの政治闘争に参加し、大学に入るや中央委員会の主要なポストを占めるようになった。肖子が千恵と知り合ったのは、千恵が疲れ始めた……頃である。しかしその千恵の堕落への過程、挫折、捨てきれずにいるロシアの革命家達による書物を肖子は美しいと思った。いまだに自分というものをつかむことができず、時に苦しく切ない感情に声をあげて泣くことはあっても、肖子のガラスのような神経は自らを傷つけ、また他人をその血に染めることを恐れるあまり、如何なる活動へも我が身を投ずることを禁ずるのだった。依然として形の定かでない「自分」を定かではないそれゆえに、せめて維持することに肖子は執着した。ほんのわずかな「違和感」にも肖子は妥協しなかった。肖子の内心は驚くほどかたくなだった。

（福島県立磐城女子高等学校文芸クラブ文集「閼伽井　28号」所収「冷たい砂」）

この高校三年生の文学少女の創作小説には、はしなくも秋吉の女優としての生涯の縦軸となる美学や信条の萌芽が確認できるだろう。デビュー時から秋吉の身上たる「不安定性」「定まらなさ」には、自らを頑なに守ろうとする強い意識が感じられた。秋吉のめまぐるしい大人子どもっぷりは、ただの演技のスタイル、粉飾というよりも、自らを守るための「柔らかい殻」に見えた。こういう姿勢の因って来るところは何かと考えた時、まず思い浮かぶのはこの小説が書かれた一九七二年に社会を震撼させた一連の連合赤軍事件である。

戦後の高度経済成長の階梯をひとしきりのぼりつめ、微温湯的な踊り場にまで来た日本にあって、季節外れの革命家志望の若者たちは思想の純粋化の果てに孤立し、陰惨なかたちで自爆していった。秋吉が高校二年の終わりの頃に、連合赤軍メンバーによるあさま山荘事件が発生、次いで山岳ベース事件も露見した。この衝撃的な事件によって新左翼運動は一気に退潮することとなったが、この顚末をリアルタイムで見守っていた十七歳の秋吉がそれをどう「総括」したかはくだんの小説の引用箇所にも明らかだろう。この点は今回の長篇インタビューでもみごとに首尾一貫している。

私の場合はミューズ的に時代を引っ張っていきたいというよりも、むしろ時代と間違えずにつきあいたいと思っていました。たとえば連合赤軍の永田洋子さんはそれを間違えた。のみならず、私たちより上の世代の、多くの人たちが時代との切り結びかたを間違ってしまった。私は、間違えずに何かをなしたい。だけど力みかえって何かをなそうとすると、人間は間違えてしまうらしい。息せき切って動くと間違えた人になるらしい。それなら時代の空気を映して表現しながらも、同時に客観的な証人になりたい。そこがマスコミ的には「元祖シラケ派」という要約になったのでは。そんなふうに、何かイケイケで何かを主張したいわけではなくて、「間違えたくない」という気持ちがすごくありました。

秋吉久美子という女優が誕生した背景には、先述したようにこの時代が映画産業の転回点であった偶然も大きく作用しているが、秋吉という個人の思考や態度にはこの時代がかかる新左翼運動、ひいては日本社会の転回点であったことが色濃く影響しているはずである。秋吉は、本人が誰より自覚しているように、時代に選ばれし「時の娘」なのである。そしてここで自らを特定のあり方、見え方に要約されることを周到に避けて、そういうまなざしから「逃走」することで静かな「闘争」を試みてきた秋吉は、実はイメージとして定着していたふしのある「一九七〇年代のシラケ世代のミューズ」でさえなかったのではないか。

連合赤軍事件以後の若者たちは、シラケ世代と呼ばれて内省的、内向的になって政治活動や社会参加には背を向け、「やさしいフィーリング」で自己にバリアを張り、日常に埋没するような傾向に走った。六〇年代のパッショネイトな反戦フォークではなくセンチメンタルな四畳半フォークがそんな生活のBGMとして共感を呼び、義務も責任もなく社会に組みこまれない「同棲」というライフスタイルが若者のやんわりとした抵抗でありあがきであった。『赤ちょうちん』『妹』という四畳半フォークを主題歌とし、同棲や自分探しをモチーフにした映画作品で鮮烈に登場した秋吉は、そういった若者たちの熱狂的な支持を得て、「七〇年代の寵児」と目され喝采を浴びた。秋吉に言わせると「少しアタマの弱い、出来は悪いがかわいい妹」的なイメージで秋吉は時代のアイドル的に愛玩された。

だが、くだんの発言で秋吉が自身で注釈を加えているように、デビュー時の秋吉は何かに息せき切ってのめることなく、力みかえって特定のあり方に縛られることなく、常に客観的なクールさで「定まらなさ」を選択していたのであって、それはマスコミ的な要約で「元祖シラケ派」みたいなレッテルを張られたものの、いわゆるウェットに退行し自閉した「シラケ世代」のありようとはまるで違っていたのである。むしろ秋吉は攻めの姿勢で自らを規定するものを退けて、不自由さを排除していた。「防御は最大の攻撃」とする秋吉の女優人生にあって、「シラケ」は前向きにディフェンシヴであることだった。

実際、七〇年代の秋吉は藤田敏八監督の〈秋吉久美子三部作〉こそどっぷりと七〇年代的な風俗や気分にまみれているものの、続く一九七六年の『さらば夏の光よ』『パーマネントブルー 真夏の恋』、一九七七年の『突然、嵐のように』という松竹の山根成之監督による〈秋吉久美子三部作〉ではほとんど六〇年代的な古風さで青春メロドラマを熱く演じきっている。当時観ていても山根作品の劇画的なストレートさは藤田作品とは同時代のものとは思えない感じであった。一九七六年の河崎義祐監督の東宝映画『挽歌』ともなると、一九五〇年代の原作のリメイクということもあり、設定も物語も古色蒼然たる感じであった。ところが、藤田敏八作品とは真逆にあるこうしたクラシックな作品のなかにあっても、秋吉は実にヴィヴィッドに輝いているのである。

おそらく「七〇年代的ミューズ」というあり方を真っ向から引き受けていたのは桃井かおりであって、藤田敏八監督『赤い鳥逃げた?』『エロスは甘き香り』、神代辰巳監督『青春の蹉跌』から七〇年代末期の東陽一監督『もう頰づえはつかない』に至るまで、桃井は粛々と七〇年代フレーバーをまとい続けた。しかしその間、秋吉はそこにはこだわらない自在なフィルモグラフィを重ねていたのだった。特に秋吉の幅広さの証しとなる作品は『不毛地帯』『あにいもうと』で、なんと戦前にデビューした山本薩夫、今井正という名匠との印象的な仕事だった。そこに一九七五年の野村芳太郎監督の歌謡メロドラマ『昭和枯れすすき』、一九七七年の森谷司郎監督の大作『八甲田山』も含めれば、秋吉の「七〇年代的ミューズ」感はいよいよ不鮮明になってゆくだろう。

事ほどさように、デビュー時を彩った作品や役柄の印象に引っ張られて、秋吉は七〇年代固有のアイドル女優のような規定をされることが多かったが、その歩みをロングショットで鳥瞰すれば、秋吉の「定まらなさ」は着々と実践されていたのであって、彼女は常に、至って自由であった。そういう意味では、生前の藤田敏八と親しい関係でありながら、藤田が構築した「出来の悪い、かわいい妹」像にいっさい影響されず、「きっぷのいい地に足のついた母」として八八年の自作『異人たちとの夏』に秋吉を招いた大林宣彦の独自さは、彼女の自由さにひときわ理想的なかたちで呼応したものだった。『異人たちとの夏』の浅草のおかん・原田房子は、『妹』の家庭喪失者・小島ねりともども秋吉の当たり役となった。

あたしのように臆病な女
あたしのように軽はずみの女
あたしのように弱虫の女
あたしのようにしたたかな女
あたしのように用心深い女
あたしのように気まぐれな女
あたしのようにつかのまの女。

アタシはいろんなものを好む
しかし決して愛さない

（秋吉久美子「つかのまの久美子」一九七七年　青春出版社）

新藤兼人が自著『小説 田中絹代』をドラマ化した一九八四年の『花も嵐も踏み越えて 女優田中絹代の生涯』で田中絹代に扮した秋吉は、プライベート、現場、そして虚構の映画内の絹代を演じわけながら、虚実のどんなフェーズの役柄がやって来ようと、自分ならではの女優としての表現はできるのだと悟れたと言う。秋吉の「定まらなさ」に磨きがかかった瞬間だった。

デビューから時は流れたが、秋吉はあいかわらずクールに、犀利に、自らが刺激的でないかたちで像を結ぶことから「逃走」を試みる。そのたゆみなき姿勢を諦めないかぎり、秋吉は容貌の変わらなさを超えたプレゼンスの若々しさ、スリリングさを失うことはないだろう。七〇年代の「不思議なクミコ」は、誰でもない誰かとして、今もなおわれわれを挑発気味に魅了してやまない。

調書3

出演作
データベース

秋吉久美子を観る

【映画】

旅の重さ　１９７２年10月28日　監督斎藤耕一　脚本石森史郎　撮影坂本典隆

花心中　１９７３年９月15日　監督斎藤耕一　脚本福田陽一郎　撮影坂本典隆　原作阿久悠、上村一夫

赤ちょうちん　１９７４年３月23日　監督藤田敏八　脚本中島丈博、桃井章　撮影萩原憲治

妹　１９７４年８月14日　監督藤田敏八　脚本内田栄一　撮影萩原憲治

青葉繁れる　１９７４年９月21日　監督岡本喜八　脚本岡本喜八、小林俊一　撮影木村大作　原作井上ひさし

バージンブルース　１９７４年11月22日　監督藤田敏八　脚本内田栄一　撮影安藤庄平

炎の肖像　１９７４年12月28日　監督藤田敏八、加藤彰　脚本内田栄一　撮影山崎善弘

昭和枯れすすき　１９７５年６月７日　監督野村芳太郎　脚本新藤兼人　撮影川又昂　原作結城昌治

挽歌　１９７６年２月11日　監督河崎義祐　脚本井手俊郎、蒼井マキレ　撮影村井博　原作原田康子

さらば夏の光よ　１９７６年３月13日　監督山根成之　脚本ジェームス三木　撮影坂本典隆　原作遠藤周作

十六歳の戦争　１９７６年８月19日　監督松本俊夫　脚本松本俊夫、山田正弘　撮影押切隆世　＊１９７３年製作

不毛地帯　１９７６年８月28日　監督山本薩夫　脚本山田信夫　撮影黒田清巳　原作山崎豊子

パーマネントブルー　真夏の恋　１９７６年９月23日　監督山根成之　脚本石森史郎、ジェームス三木　撮影坂本典隆　原作素九鬼子

あにいもうと　１９７６年10月23日　監督今井正　脚本水木洋子　撮影原一民　原作室生犀星

突然、嵐のように　１９７７年４月29日　監督山根成之　脚本山根成之、中島丈博　撮影坂本典隆

八甲田山　１９７７年６月18日　監督森谷司郎　脚本橋本忍　撮影木村大作　原作新田次郎

姿三四郎　１９７７年10月29日　監督岡本喜八　脚本隆巴　撮影木村大作　原作富田常雄

ワニと鸚鵡とおっとせい　１９７７年12月29日　監督山根成之　脚本山元清多　原案久世光彦　撮影坂本典隆

地球《テラ》へ…　１９８０年４月26日　監督恩地日出夫　脚本恩地日出夫、塩田千種　撮影吉村次郎、池田重好　＊アニメーション、声の出演

の・ようなもの　１９８１年９月12日　監督森田芳光　脚本森田芳光　撮影渡部眞

冒険者カミカゼ　１９８１年11月７日　監督鷹森立一

脚本内藤誠、桂千穂、中島貞夫　撮影北坂清

さらば愛しき大地　１９８２年４月９日　監督柳町光男　脚本柳町光男　撮影田村正毅

凶弾　１９８２年９月15日　監督村川透　脚本石森史郎、北村彰、押川国秋　撮影坂本典隆　原作福田洋

誘拐報道　１９８２年９月25日　監督伊藤俊也　脚本松田寛夫　撮影姫田真佐久

ウィークエンド・シャッフル　１９８２年10月23日　監督中村幻児　脚本中村幻児、吉本昌弘　撮影鈴木史郎　原作筒井康隆

制覇　１９８２年10月30日　監督中島貞夫　脚本中島貞夫、西沢裕子　撮影鈴木達夫　原作志茂田景樹

あいつとララバイ　１９８３年12月24日　監督井上梅次　脚本井上梅次　撮影小野正　原作楠みちはる

地平線　１９８４年２月11日　監督新藤兼人　脚本原作新藤兼人　撮影丸山恵司

チーちゃんごめんね　１９８４年５月19日　監督西河克己　脚本井手俊郎、鈴木雅子　撮影鈴木耕一　原作成田敦子

ひとひらの雪　１９８５年９月14日　監督根岸吉太郎　脚本荒井晴彦　撮影川上皓市　原作渡辺淳一

夜汽車　１９８７年１月17日　監督山下耕作　脚本松田寛夫、長田紀生　撮影木村大作　原作宮尾登美子

男はつらいよ　寅次郎物語　１９８７年12月26日　監督山田洋次　脚本山田洋次、朝間義隆　撮影高羽哲夫

異人たちとの夏　１９８８年９月15日　監督大林宣彦　脚色市川森一　原作山田太一　撮影阪本善尚

誘惑者　１９８９年10月29日　監督長崎俊一　脚本中島吾郎　撮影渡部眞

紅蓮華　１９９３年２月13日　監督渡辺護　脚本沖島勲、佐伯俊道　撮影鈴木史郎　原作田中うめの

レッスン　Ｌｅｓｓｏｎ　１９９４年６月25日　監督長谷部安春　脚本羽田野直子、長谷部安春　撮影佐光朗　原作五木寛之

深い河　１９９５年６月24日　監督熊井啓　脚色熊井啓　撮影栃沢正夫　原作遠藤周作

淀川長治物語神戸篇　サイナラ　２０００年９月30日　監督大林宣彦　脚本大林宣彦、市川森一　撮影稲垣涌三

死びとの恋わずらい　２００１年３月24日　監督渋谷和行　脚本友松直之　撮影喜久村徳章　原作伊藤潤二

十七歳　２００２年９月28日　監督今関あきよし　脚本いしかわ彰　撮影山神俊二　原作井上路望

青の炎　２００３年３月15日　監督蜷川幸雄　脚色蜷川幸雄、宮脇卓也　撮影藤石修　原作貴志祐介

月の砂漠　２００３年９月６日　監督青山真治　脚本青山真治　撮影田村正毅

透光の樹　２００４年10月３日　監督根岸吉太郎　脚本田中陽造　撮影川上皓市　原作髙樹のぶ子

パラレル　愛はすべてを乗り越える―。　２００９年

3月14日　監督武藤数顕　脚本木村俊之　原案京谷和幸

不良少年　3，000人の総番《アタマ》　2012年3月10日　監督宮野ケイジ　脚本遠藤夏輝、宮野ケイジ　撮影吉澤和晃　原作原案遠藤夏輝

インターミッション　2013年2月23日　監督樋口尚文　脚本樋口尚文、港岳彦　撮影町田博

風邪〈ふうじゃ〉　2014年9月27日　監督橋本以蔵　脚本橋本以蔵、木田薫子、三上幸四郎　撮影藤石修

シネマハワイアンズ　2016年11月5日　構成・演出杉山太郎、利倉亮　＊ドキュメンタリー、ナレーション担当

浅草・筑波の喜久次郎　浅草六区を創った筑波人　2016年12月3日　監督長沼誠　脚本香取俊介　撮影吉沢和晃

イイネ！イイネ！イイネ！　2017年6月24日　監督門馬直人　脚本一雫ライオン

カーラヌカン　2018年3月10日　監督浜野安宏　脚本岩下悠子、杉山嘉一　撮影大城学、亀村佳宏　原作浜野安宏

笑顔の向こうに　2019年2月15日　監督榎本二郎　脚本川崎龍太　撮影ふじもと光明　原案瀬古口精良

【テレビドラマ】

太陽にほえろ！　第53話「ジーパン刑事登場！」　1973年7月20日　NTV　監督高瀬昌弘　脚本鎌田敏夫　＊被害者・中上タカコ役

ボクのしあわせ　連続20話　1973年8月6日〜12月24日　CX　監督今野勉、村木良彦　脚本隆巴、宮崎晃、吉田義昭　原作井上ひさし

白い影　第10話　1973年9月14日　TBS　監督福田新一　脚本尾中洋一　原作渡辺淳一

ポーラテレビ小説「愛子」　1973年10月1日〜1974年3月29日　TBS　演出堀川とんこう、福田新一、前川英樹、高畠豊　脚本高橋辰雄　原作佐藤愛子

木下恵介・人間の歌シリーズ「冬の貝殻」　第9話、11話、13話　1973年12月20日〜1974年3月14日　TBS　演出龍至政美、飯島敏宏　脚本石松愛弘　原作クローニン

浮世絵・女ねずみ小僧第3シリーズ　第7話　1974年2月16日　CX　演出中川信夫　脚本尾中洋一

土曜日の女シリーズ「女子高校生殺人事件」　連続7話　1974年1月5日〜2月16日　NTV　監督野村孝　脚本田村多津夫、岡本克己　原作小峰元

春のもつれ　連続13話　1974年4月2日〜6月25日　NTV　脚本大津皓一　原作原田康子

誰のために愛するか　連続12話　１９７４年４月４日～７月11日　ＮＥＴ　演出今村農夫也、真船禎、内藤誠　脚本山田信夫、重森孝子、尾中洋一　原作曽野綾子

天下堂々　連続47話　１９７３年10月５日～１９７４年９月27日　ＮＨＫ　演出岡崎栄、松岡孝治、重光亨彦、佐藤幹夫、渋谷康生　脚本早坂暁、石堂淑朗ほか

東芝日曜劇場「風は知っている」　１９７４年９月22日　ＣＢＣ　演出住田明美　脚本折戸伸弘

薔薇夫人　連続11話　１９７５年１月14日～３月25日　ＮＴＶ　演出嶋村正敏　脚本安部徹郎　原作瀬戸内寂聴

許せない愛　連続９話　１９７５年４月４日～５月30日　ＴＢＳ　演出宮武昭夫、井下靖央　脚本高岡尚平

東芝日曜劇場「はじめての休日」　１９７５年４月27日　ＣＢＣ　演出松ヶ崎黄長　脚本内田栄一

ポーラ名作劇場「黄昏にさようなら」　連続８話　１９７５年６月23日～８月11日　ＮＥＴ　演出白崎英介　脚本田向正健　原作ジョイ・ハッカー

家庭の秘密　連続15話　１９７５年８月21日～11月27日　ＴＢＳ　演出福田新一　脚本田口耕二　原作花村えい子

ながれ藻　１９７５年11月23日　ＭＢＳ　演出瀬木宏康　脚本新藤兼人

嘘　１９７５年12月７日　ＨＢＣ　演出長沼修　脚本田上雄

結婚前夜シリーズ　第２話「ユリエの恋」　１９７６年１月16日　ＴＢＳ　演出福田新一　脚本中島丈博

土曜ドラマ・劇画シリーズ「寺島町奇譚」　１９７６年３月27日　ＮＨＫ　演出江口浩之　脚本中島丈博　原作滝田ゆう

逢えるかも知れない　連続26話　１９７６年４月３日～９月25日　ＣＸ　監督井上昭、番匠義彰、大槻義一、今井雄五郎　脚本ジェームス三木、成田孝雄、吉田剛

青春の門　第１話、９話～26話　１９７６年４月７日～９月29日　ＭＢＳ　演出瀬木宏康　脚本小野田勇　原作五木寛之

結婚するまで　連続25話　１９７６年10月12日～１９７７年３月29日　ＴＢＳ　演出和田旭、日向宏之、西川章、村上瑛二郎、近藤邦勝、宮田吉雄　脚本原作高岡尚平

シリーズ人間模様「妻たちの二・二六事件」　連続５話　１９７６年10月28日～11月25日　ＮＨＫ　演出高橋康夫、原晙二　脚本杉山義法　原作澤地久枝

家族　前後編　１９７６年12月12日、12月19日　ＴＢＳ　演出宮武昭夫　脚本平岩弓枝

花神　第25話、26話、31話、32話、34話～44話　１９７７年１月２日～12月25日　ＮＨＫ　演出斎藤暁、門脇正美、村上佑二、江口浩之、三井章　脚本大野靖子　原作司馬遼太郎

海峡物語　連続25話　１９７７年４月７日〜９月29日　ＡＮＢ　演出田中利一、本多勝也　脚本小野田勇　原作五木寛之

俺たちゃ・なんだい！　連続13話　１９７７年10月２日〜12月25日　ＴＢＳ　演出峰岸進

あにき　第１話、２話　１９７７年10月７日、10月14日　ＴＢＳ　演出井下靖央　脚本倉本聰

土曜ワイド劇場「青い鳥を撃て」　１９７７年12月24日　ＡＮＢ　監督貞永方久　脚本ジェームス三木　原作原田康子

熱愛　むらさき情話　連続11話　１９７８年１月12日〜３月30日　ＮＴＶ　演出竹内正男　脚本佐々木守

七人の刑事　第２話「第一通報者」　１９７８年４月21日　ＴＢＳ　演出田沢正稔　脚本内田栄一

果て遠き丘　連続９話　１９７８年４月24日〜６月19日　ＡＮＢ　演出稲垣健司　脚本西沢裕子　原作三浦綾子

まつりのあとに　１９７８年８月20日　ＲＫＢ　演出岸本能夫　脚本石松愛弘　原作川端康成

素敵なあいつ　連続４話　１９７８年10月12日〜11月２日　ＡＮＢ　演出大井素宏　脚本窪田篤人

波－わが愛　連続12話　１９７８年10月13日〜12月29日　ＴＢＳ　演出大山勝美、山田和也　脚本早坂暁、大藪郁子　原作山本有三

土曜ドラマ「松本清張シリーズ・火の記憶」　１９７８年10月28日　ＮＨＫ　演出和田勉　脚本大野靖子　原作松本清張

下町のおんな　風子　連続12話　１９７８年11月１日〜１９７９年１月17日　ＣＸ　演出河合義隆、関口保幸　脚本原作平岩弓枝

涙　暗くなるまで待って　１９７８年11月11日　ＡＮＢ　演出中平康　脚本長谷川公之　原作フレデリック・ノック

標的　連続８話　１９７９年２月４日〜３月25日　ＫＴＶ　演出小田切成明　脚本宮川一郎　原作多岐川恭

あめゆきさん　１９７９年４月６日　ＴＢＳ　演出今野勉　脚本新藤兼人、今野勉　原作山崎朋子

オレンジ色の愛たち　連続12話　１９７９年10月11日〜12月27日　ＴＢＳ　演出和田旭、浅生憲章　脚本宮崎晃

水の中の砂漠　連続６話　１９７９年11月24日〜12月29日　ＭＢＳ　演出出目昌伸　脚本石松愛弘　原作黒岩重吾

額田女王　後編　１９８０年３月15日　ＡＢＣ　演出大熊邦也　脚本中島丈博

土曜ナナハン学園危機一髪「シラケ帝国応答アリ」　１９８０年４月19日　ＣＸ　演出河合義隆　脚本岡田正代、那須真知子　原作若林繁太

東芝日曜劇場「五月の街」　１９８０年５月４日　ＣＢＣ　演出松ヶ崎黄長　脚本中岡京平

妻は霧のなかで　連続8話　1980年6月7日〜7月26日　CX　演出久野浩平　脚本八木柊一郎　原作北泉優子

土屋隆夫の消えた男　1980年7月29日　ANB　演出堀川弘通　脚本服部佳　原作土屋隆夫

陽気な逃亡　連続12話　1980年8月16日〜11月1日　CX　演出杉田成道、諏佐正明　脚本池端俊策、榊彩

しあわせ戦争　連続17話　1980年9月3日〜12月24日　TBS　演出前川英樹　脚本田向正健

笑う真犯人　危険な妹　1981年1月31日　ANB　監督渡辺祐介　脚本吉田剛　原作ハーバート・ブリーン

加山雄三のブラック・ジャック　連続13話　1981年1月8日〜4月9日　ANB　演出番匠義彰、渡辺祐介、山根成之　脚本ジェームス三木、山下六合雄　原作手塚治虫

第三の来訪者　危険な結婚　1981年2月14日　ANB　演出中島貞夫　脚本松田寛夫　原作阿刀田高

夢千代日記　連続5話　1981年2月15日〜3月15日　NHK　演出深町幸男、松本美彦　脚本早坂暁

その時歴史は変わった　今つづる父と母の昭和史　1981年3月20日　ANB　演出恩地日出夫　脚本佐々木守　原作竹村健一

山村正夫のお迎え火　1981年8月14日　ABC　監督工藤栄一　脚本野上龍雄　原作山村正夫

おとうと　連続2話　1981年8月27日、28日　NHK　演出笹原紀明　脚本関功　原作幸田文

誘惑されて地獄行き　1981年9月26日　ANB　監督降旗康男　脚本福田善之　原作ミッシェル・ルブラン

ポーツマスの旗　全4部　1981年12月5日、12月12日　NHK　演出中村克史、布施実　脚本大野靖子　原作吉村昭

続夢千代日記　連続5話　1982年1月17日〜2月14日　NHK　演出深町幸男、渡辺紘史　脚本早坂暁

火曜サスペンス劇場「悪魔の島の赤ちゃん」　1982年2月2日　NTV　監督山本迪夫　脚本田村多津夫　原作松木ひろし

森村誠一の「ステレオ殺人事件」　1982年2月11日　ANB　監督小山幹夫　脚本掛札昌裕　原作森村誠一

入試問題殺人事件　1982年5月1日　TBS　演出堀川とんこう　脚本池端俊策

火曜サスペンス劇場「可愛い悪魔」　1982年8月10日　NTV　監督大林宣彦　脚本那須真知子

木曜ゴールデンドラマ「天使が消えていく」　1982年9月23日　FBS　監督森崎東　脚本重森孝子　原作夏樹静子

Wの悲劇　前後編　1983年2月23日、3月2日

ＴＢＳ　演出鴨下信一　脚本北村篤子　原作夏樹静子

木曜ゴールデンドラマ「片隅の二人」　１９８３年２月10日　ＹＴＶ　演出小田切成明　脚本高際和雄　原作曽野綾子

エノケン―私が愛した喜劇王　１９８３年４月25日　ＴＢＳ　演出吉川正澄、田中直人　脚本富川元文

赤川次郎のおやすみ、テディ・ベア　１９８３年８月９日　ＴＢＳ　演出今野勉　脚本田中晶子　原作赤川次郎

木曜ゴールデンドラマ「海の壁」　１９８３年10月27日　ＹＴＶ　演出小泉勲　脚本馬場当　原作船山馨

遠藤周作の悪霊の午後　１９８３年12月３日　ＴＢＳ　演出龍至政美　脚本石堂淑朗　原作遠藤周作

嫁姑　女のいくさ　１９８４年１月９日　ＡＮＢ　演出富本壮吉　脚本重森孝子　原作澤地久枝

新夢千代日記　連続10話　１９８４年１月15日〜３月18日　ＮＨＫ　演出深町幸男、外園悠治　脚本早坂暁

花も嵐も踏み越えて　女優田中絹代の生涯　前後編　１９８４年４月２日、４月９日　ＡＮＢ　監督渡辺祐介　脚本原作新藤兼人

新・青春戯画集　連続20話　１９８４年９月３日〜９月28日　ＮＨＫ　演出平山武之、森平人　脚本中島丈博

やさしい闘魚たち　連続４話　１９８４年９月５日〜９月26日　ＭＢＳ　演出瀬木宏康　脚本布勢博一

鳥よ…　１９８４年11月４日　ＴＢＳ　演出西前充男　脚本神吉拓郎

天璋院篤姫　１９８５年１月３日　ＡＮＢ　演出山内和郎　脚本山田信夫　原作宮尾登美子

火曜サスペンス劇場「逆光のなかの女」　１９８５年４月９日　ＮＴＶ　演出工藤栄一　脚本横光晃　原作落合恵子

未婚の女医の診察室　１９８５年４月18日〜６月20日　ＡＮＢ　演出真船禎　脚本新藤兼人　＊連続木曜ドラマ

血の華　連続２話　１９８５年５月１日、５月８日　ＴＢＳ　演出龍至政美　脚本早坂暁

遊び上手　１９８６年４月２日　ＮＴＶ　演出後藤幸一　脚本鹿水晶子

火曜サスペンス劇場「震える髪」　１９８６年４月８日　ＮＴＶ　監督池広一夫　脚本橋本綾　原作佐野洋

見つめられる女　１９８６年５月12日　ＡＮＢ　演出貞永方久　脚本小森名津

離婚しない女　１９８６年７月11日　ＣＸ　演出斎藤信幸　脚本斎藤博

橋の上の霜　１９８６年11月15日　ＮＨＫ　演出平山武之　脚本原作平岩弓枝

風の中の秘密　１９８６年12月５日　ＣＸ　監督降旗康男　脚本石田芳子、中村努

ＴＢＳ大型時代劇スペシャル「太閤記」　１９８７年

1月1日　TBS　監督岡本喜八　脚本高田宏治、野波静雄

大河ドラマ「独眼竜政宗」　第15話～17話、19話、23話～25話、28話～30話、32話～39話、41話、43話　1987年1月4日～12月13日　NHK　演出樋口昌弘、吉村芳之、木田幸紀、西村与志木、諏訪部章夫　脚本ジェームス三木　原作山岡荘八

婚約　連続5話　1987年1月10日～2月7日　NHK　演出大森青児、永山あつし　脚本市川森一

神戸ポーアイ物語　1987年2月15日　MBS　演出池田徹朗　脚本東多江子

逢いたくて、恋占い　1987年2月25日　TBS　演出和田旭　脚本竹山洋　原作村松友視

さざん花の女　1987年5月28日　ANB　監督山下耕作　脚本小森名津　原作山本周五郎

女優競演サスペンス「ホテル」　1987年10月5日　KTV　監督田中登　脚本吉田剛　原作森瑤子

ビデオ・パーティー　連続4話　1987年10月5日～10月8日　TBS　演出大山勝美　脚本佐藤繁子、岩佐憲一　原作林真理子

女優競演サスペンス「別れの予感」　1987年10月12日　KTV　演出仲倉重郎　脚本田中晶子　原作森瑤子

火曜サスペンス劇場「原子炉の蟹」　1987年11月17日　NTV　監督西村昭五郎　脚本猪又憲吾、亜槍文代　原作長井彬

年末時代劇スペシャル「田原坂」　第1部・2部　1987年12月30日、31日　NTV　監督斎藤武市　脚本原作杉山義法

火曜サスペンス劇場「ラーメン横町　女たちの危険な午後」　1988年3月1日　NTV　演出桜井秀雄　脚本砂田量爾

ベストフレンド物語　1988年4月15日　NTV　演出石橋冠　脚本福田陽一郎

恋はいつもアマンドピンク　連続3話　1988年5月26日～6月9日　ANB　演出中山史郎　脚本石原武龍　原作赤星たみこ

復顔　ペルシャ絨毯の女　1988年6月3日　CX　監督永野靖忠　脚本竹山洋

熱き炎の旅　ここ過ぎて　1988年10月3日　TX　監督西村昭五郎　脚本中島丈博　原作瀬戸内寂聴

とんぼ　連続8話　1988年10月7日～11月25日　TBS　演出大岡進、竹之下寛次、清弘誠　脚本原作黒土三男

さよならは一度だけ…　1988年11月4日　CX　演出若松節朗　脚本塩田千種

大奥殺人事件　1989年1月3日　NTV　演出田中徳三　脚本宮川一郎

望郷、中国服の女　1989年3月24日　CX　監督永野靖忠　脚本原案竹山洋

町幸男　脚本井沢満
ロマンの果て(1)　1989年4月14日　CX　演出深

洋
俺たちの時代　第1話、2話　1989年10月6日、10月13日　TBS　演出生野慈朗、吉田健　脚本竹山

セクシャル・ハラスメント　キャスター裕子の奪われた時間　1989年11月13日　TBS　演出大山勝美　脚本原作落合恵子

林真理子の危険な女ともだち　1989年12月5日　ANB　監督山根成之　脚本伴一彦　原作林真理子

黒の斜面　1989年12月29日　CX　脚本ちゃき克彰、加藤貢　原作菊島隆三

樅ノ木は残った　1990年1月2日　NTV　監督山下耕作　脚本杉山義法　原作山本周五郎

家族物語　連続5話　1990年1月22日〜3月5日　NHK　演出門脇正美　脚本香取俊介　原作瀬戸内寂聴

イスタンブール　黒いヴェールの女　1990年3月30日　CX　演出永野靖忠　脚本竹山洋

天と地と　黎明編　1990年4月20日　NTV　監督小沼勝　脚本吉原勲

夏目漱石の夢十夜　世にも怪奇な物語　1990年10月1日　TX　演出神山征二郎　脚本新藤兼人　原作夏目漱石

戦国乱世の暴れん坊　斎藤道三　怒涛の天下取り　1991年1月3日　ANB　監督工藤栄一　脚本志村正浩

柴門ふみの恋愛論　ステキな恋をするための12の実践的A&A　1991年1月19日　TBS　演出堀川とんこう　脚本大石静　原作柴門ふみ

東芝日曜劇場「俺達に明日は来るのか」　月1回全5話シリーズ　1991年1月27日、2月24日、3月31日、4月28日、5月26日　TBS　演出清弘誠　脚本清水有生

フェミニズム殺人事件　1991年4月1日　TX　演出森開逞次　脚本綾部伴子　原作筒井康隆

大逆襲！　四匹の用心棒　3　1991年4月4日　ANB　監督江崎実生　脚本志村正浩

もう一度別れのブルースを　淡谷のり子物語　1991年8月13日　ANB　演出恩地日出夫　脚本内館牧子

家族の食卓　第3話「進級テスト」　1992年1月3日　CX　演出林徹　脚本山崎淳也　原作柴門ふみ

＊3話オムニバス

途中下車純情　1992年1月19日　MBS　演出鈴木晴之　脚本坂田義和　原作うつみ宮土理

行け、我が思いよ　金の翼にのって　1992年2月8日　NHK　演出小林武　脚本竹山洋

さよならをもう一度　連続11話　1992年4月15日〜6月24日　CX　演出河毛俊作、本間欧彦、杉山登

脚本水橋文美江

恋人たちのターミナル　1992年5月7日　YTV　演出成田裕介　脚本倉沢左知代

命のビザ　1992年12月18日　CX　演出大山勝美　脚本久保田千太郎　構成佐々木守　原作杉原幸子

独眼竜の野望　伊達政宗　1993年1月3日　ANB　監督舛田利雄、西垣吉春　脚本志村正浩　原作山岡荘八

ホテルドクター　連続11話　1993年1月12日～3月23日　ABC　演出高井牧人、油谷誠至　脚本篠崎好

課長島耕作2　雨の京都慕情編　1994年4月29日　CX　演出藤田明二　脚本沢村一幸　原作弘兼憲史

終らない夏　連続10話　1995年7月19日～9月20日　NTV　演出水田伸生、五木田亮一、金田和樹　脚本梅田みか

獄門島　1997年5月5日　TBS　監督関本郁夫　脚本和久田正明　原作横溝正史

家康が最も恐れた男　真田幸村　第1部、2部、4部、6部　1998年1月2日　TX　監督降旗康男、原田雄一、上杉尚祺　脚本塙五郎

明智小五郎　江戸川乱歩の陰獣　1998年3月7日　ANB　監督佐藤嗣麻子　脚本長坂秀佳　原作江戸川乱歩

ケイゾク　第1話「死者からの電話」　1999年1月8日　TBS　演出堤幸彦　脚本西荻弓絵

恋の奇跡「Stage 1」　第1話、12話　1999年4月15日、7月1日　ANB　演出赤羽博、中島悟　脚本中園ミホ　原作もりたゆうこ

淀川長治物語　神戸篇　サイナラ　TVヴァージョン　1999年11月7日　ANB　監督大林宣彦　脚本大林宣彦、市川森一

イントゥルーダー　1999年12月4日　ABC　監督小田切正明　脚本森下直　原作高嶋哲夫

告知　1999年12月17日　CX　演出小林俊一　脚本吉田剛　原作熊沢健一

シンデレラは眠らない　連続9話　2000年1月10日～3月6日　YTV　演出岡本浩一、日名子雅彦、梅沢利之　脚本森岡利行

いちど死んだ妻　2000年2月15日　NTV　監督下村優　脚本坂上かつえ

オーリー　風になる朝　2000年8月4日　NHK　演出城谷厚司　脚本塚本隆文

刑事（デカ）　2000年12月8日　NTV　監督長谷部安春　脚本森岡利行

ムコ殿　連続12話　2001年4月12日～6月28日　CX　演出木村達昭、西浦正記、久保田哲史　脚本いずみ吉紘

内田康夫サスペンス　愛するあまり　樹海の失踪殺人事件　2001年7月29日　BSジャパン　演出小田

切成明　脚本吉田剛　原作内田康夫

五瓣の椿　第１話、２話、４話　２００１年11月20日～　ＮＨＫ　演出黛りんたろう　脚本中島丈博

茂七の事件簿　新ふしぎ草紙　第１話～６話、８話～10話　２００２年６月28日～、ＮＨＫＧＴＶ　演出加藤拓、一色隆司　脚本金子成人　原作宮部みゆき

スカイハイ　第８話～10話　２００３年１月17日～　ＡＮＢ　監督高津隆一、北村龍平　脚本田辺満、高山直也　原作高橋ツトム

山村美紗サスペンス　京都離婚旅行殺人事件　２００３年６月１日　ＢＳジャパン　監督南部英夫　脚本安本莞二　原作山村美紗

キソウの女Ⅱ　帆村純　２００５年５月21日　ＡＢＣ　監督小野原和宏　脚本櫻井武晴

電車男　第２話、３話、５話～11話　２００５年７月７日～９月22日　ＣＸ　演出武内英樹、西浦正記、小林和宏　脚本武藤将吾、徳永友一　原作中野独人

火曜サスペンス劇場「警部補　佃次郎21　妻の初恋」　２００５年９月６日　ＮＴＶ　監督淡野健　脚本篠田富雄

戦国自衛隊　関ヶ原の戦い　第１部・２部　２００６年１月31日、２月７日　ＮＴＶ　監督猪崎宣昭、斎藤光正　脚本石原武龍　原作半村良

電車男　ＤＥＬＵＸＥ　最後の聖戦　２００６年９月23日　ＣＸ　演出武内英樹　脚本武藤将吾　原案中野独人

のだめカンタービレ　第１話、５話、11話　２００６年10月16日～　ＣＸ　演出武内英樹、川村泰祐　脚本衛藤凛　原作二ノ宮知子

キソウの女Ⅲ　帆村純　刑事部機動捜査隊　２００６年10月21日　ＡＢＣ　監督小野原和宏　脚本櫻井武晴

悪魔が来りて笛を吹く　２００７年１月５日　ＣＸ　演出星護　脚本佐藤嗣麻子　原作横溝正史

有閑倶楽部　第８話　２００７年12月４日　ＮＴＶ　演出国本雅広　脚本山浦雅大　原作一条ゆかり

八重の桜　第１話、９話、12話、20話、22話、25話、28話～30話　２０１３年１月６日～12月15日　ＮＨＫ　ＢＳＰ　演出加藤拓、佐々木善春　脚本山本むつみ

臥竜の天　伊達政宗　独眼竜と呼ばれた男　２０１３年３月９日　ＢＳ-ＴＢＳ　監督吉村芳之　脚本尾西兼一　原作火坂雅志

愛おしくて　連続８話　２０１６年１月12日～３月１日　ＮＨＫＧＴＶ　演出福井充広、佐藤譲、桑野智宏　脚本黒土三男

東野圭吾　片想い　連続６話　２０１７年10月21日～11月25日　ＷＯＷＯＷプライム　監督永田琴　脚本吉田紀子　原作東野圭吾

知らなくていいコト　連続10話　２０２０年１月８日～３月11日　ＮＴＶ　演出狩山俊輔、久保田充、塚本連平、内田秀実　脚本大石静

少し長いあとがき——または、何ともいえないとんぼがえりの「知性」

樋口尚文

「映画女優」の演技について本質的な踏み込みをした文章は数少ない。今ここに「映画女優の知性」という宮本百合子の珍しい文章がある。

「映画女優のあたまのよさが、一つの快適な美しさ、あるいは深い心と肉体の動きの感銘として作品のなかに十分活かされている場合をみると、大抵のとき、それは製作の方向、監督のみちびきかたと密接な関係をもっているように思える。したがって、映画女優のあたまのよさは一方に瑞々しい適応性や柔軟性をもっていなければならず、シルビア・シドニイというような女優は学問をやったという意味での頭脳はあるかもしれないが、例えば、カザリン・ヘッバーンの持っている感性としての潑剌としたあたまのよさのようなものは、もっていないのではないだろうか。」

そして具体的な例として、一九三七年のパール・バック『大地』の映画化で「阿藍をやったときのルイズ・レイナー」（ルイーゼ・ライナー）は「彼女の持っている聰明さ、内面の奥ゆきというようなものが省略された動作のかげに声をのんだ声として多くのものを語る力となっていた」と評価しつつ、そんな彼女がこれとは対照的に、同年の『グレート・ワルツ』で扮した清楚で耐える女の演技については「自分の持っている情感の深さの底をついた演技の力で、そういう人柄の味を出そうとせず、その手前で、いって見ればうわ声で、性格の特徴をあらわそうとしているために、出しおしみされているところから来る弱さと、どっと迸ったようなところとむらがあって、何かみていて引き入れられきれないものがある」となかなか手厳しい（しかしそれぞれなんと細やかな演技の吟味だろうか）。

たいへん大雑把に要約するなら、女優の演技はかならずしも知性的な計算ずくでは成果を出せないものので、むしろそういう聡明さを放棄した時に得られるものかもしれない、そこにこそ教養では太刀打ちできない女優ならではの「叡智」があるのでは、ということだろう。そして、その個々人の資質に鑑みながら、女優の持ち味を存分に引き出すのが監督の仕事だとする。この文章が書かれたのは、なんと一九三九年七月のことで、折しも国民徴用令が公布され、日本軍がノモンハンに攻撃を始めたという月である。そんな暗澹たる時代の、しかも台詞まわしや歌唱について論じながらまだトーキーが本格導入されて間もない頃の文章なのに、ラディカルなところではまるで現在にも通用するものだ。しかも「映画女優の知性」という表題は、ずばり本書で秋吉久美子という女優について語り、書き、考える時のテーマそのものであった。

銀幕での秋吉さんとの出会いは鮮烈だった。一九七四年、初主演作『十六歳の戦争』はお蔵入りしていたので、藤田敏八監督『赤ちょうちん』『妹』『バージンブルース』の〈秋吉久美子三部作〉で順番に秋吉さんの魅力にふれてすっかり虜となったティーンの私は、さらに当時の名画座でひんぱんに組まれた「秋吉久美子特集」でその三部作を何度もおさらいし、アントワーヌ・ドワネルが『不良少女モニカ』のポスターを盗んだひそみにならって名画座から『十六歳の戦争』のレア物のポスターをはがして宝物のように下宿に貼っていた。秋吉さんが出演する映画、ドラマは必死で見逃さないように追いかけ、秋吉さんの著作、写真集、レコードから関連記事の載る雑誌まで、ほとんど手に入れていたのではなかろうか。それはもう筋金入りのファンであったことを告白しておく。

それだけならただ秋吉さんを賛美するばかりの熱烈な信者にとどまるわけだが、幸いなことに私には評論の書き手や映画、ＣＭの作り手という顔があった。そちらの顔を活かして、映画雑誌のインタビューや映画館でのトークで秋吉さんとお話ししてその魅力を探ったり、それを新たなファンに知らしめるための特集上映をプロデュースしたり、秋吉さんをメインキャストとするＴＶＣＭを企画したり、はてはまさかの秋吉さん主演映画を監督させていただく機会にも恵まれた。こうした仕事で求められるのは、徹底した客観性とプロフェッショナリズムなのである。

したがって私は、デビュー以来、最大級の愛情と熱意を捧げて来た秋吉さんファンを以て任じつつ、一方ではそんな秋吉さんと極めてクールに客観的に相対することのできる資質を持ち合わせているので、あまたの秋吉久美子ファンの代表として本書で秋吉さんのお相手をつとめさせていただいてもお叱りは受けないのではないかという希望的観測を持つ。もっとも、こんな私をもってしても秋吉さんにこういう自作を語る著作を出しませんかと持ちかけて、実現に至るまでにはちょうど十年を要した。

もちろん虚構を売る女優という仕事は「秘すれば花」という側面もあるし、現役で仕事を続けているうちは自らの足跡をヒストリー化して神棚に祀られるようなことは絶対避けたいはずである。まして秋吉さんのように極めてシャイな一面をお持ちの方にとって、自らの来し方行く末に言及する本というのは、気がひけて当然のことだ。そのお気持ちもよくよくわかる私なのだが、しかし一方で女優・秋吉久美子の稀代の魅力に首ったけであった伴走者としては、秋吉さんはもはやそのキャリアから言っても日本映画史をご自分というアングルから語っていただく「証人」のお立場にあるのだが、という思いも強くなっていった。

そんな意図をお伝えしてようやく秋吉さんにはご納得を頂いたが、いざ引き受けるという段になると秋吉さんから全幅のご協力をいただいた。まずは通常のインタビュー本の何倍にもなろうかという会見を何日にもわたって組ませていただき、それも毎回極めて濃厚な対話の時間となった。本書はそのエッセンスを凝縮して余さず採録したものである。そしてまた、プライベートから仕事の現場に至るかなりの点数にのぼる貴重なスナップ群も蔵出ししていただき、そちらもたっぷりと掲載させていただいた。

そしてここで戻ってくるのは、「映画女優の知性」というテーマである。七〇年代に登場した頃の秋吉さんはロリータっぽい風貌とアンバランスなセクシーさが醸す「儚さ」が魅力の「時の娘」であった。その魅力に射抜かれた多くのファンにとって「不思議なクミコ」は「守ってあげたい」愛玩の対象だったかもしれないが、私にはそれは秋吉さん一流の「擬態」に見えて、そこに秘めし「知性派」の貌こそが秋吉さんの「正体」であって、そのクールさこそが秋吉さんを追いかけ続けた理由であった。

宮本百合子は、「映画女優」が自らの個性や教養、見識のなかでおさまって演技するのは貧しいことで、監督の演出との掛け算で演技を豊饒に開いてゆくために「瑞々しい適応性や柔軟性」を身に着けることが「あたまのよさ」＝「映画女優の知性」だと定義していて、こんな例を挙げている。一九三二年のドイツ映画『夢見る唇』の中で妻を演じていたエリザベート・ベルクナーは「苦しいその心のありさまを病む良人のベッドのよこでの何ともいえないとんぼがえりで表現した」が、その表現は「どうも女優そのものの体からひとりでに出たものとは思われない。寧ろ監督の腕と思う。勿論、そのなかにも女優が自分のものを活かすか、活かせないかという点でのあたまのよさ、わるさはいわれるけれども」。

私は秋吉さんと長い対話をしながら、この秋吉さんにとっての「何ともいえないとんぼがえり」に相当する、初期作品のえも言われぬ天才的なシーンの演技が、ことごとく藤田敏八監督とのアイディア交換によって生まれたものであることを確認して、それはそれは感動的であった。とても魅力的で非凡な細部の数々が、監督の「発明」とそれを受けて立って具現化する秋吉さんの「発明」の豊饒なる掛け算だったのだ。本書はそういった「映画女優の知性」が生んだかけがえのない映画の時間をあつめた拾遺集である。

　ところで宮本百合子は「映画女優の知性」を、こんな言葉で締めくくっている。「山田五十鈴、入江たか子、それぞれ自分の容姿をある持ち味で活かす頭はもっているといえようが、日本の映画は歴史が若くて映画としての世界が狭かったためか、女優のあたまにしろ感情にしろ、まだ奥が浅いと思う。このことには、日本の女の生活全体の歴史も反映しているのであるから。いかにもくっきりと、よかれあしかれ特徴を押し出して銀幕の上に自身を活かし切るようなひとは、これからにその出現を期待すべきことであろうと思う」。こんな宮本は戦後まもなく鬼籍の人となったが、やがて日本映画史を揺さぶる勢いで「くっきりと、よかれあしかれ特徴を押し出して」銀幕に飛び出した「知性派」秋吉久美子の姿を、一度は見せたかったと思う。

　最後に、ご一緒に一本の映画を創るくら

目黒シネマ「大林宣彦デラックス」（'19）『異人たちとの夏』上映時のトーク後に。樋口尚文と。

いの集中力で、対話からゲラを練る工程までおつきあいくださった秋吉久美子さんには、これ以上はない謝意を表したい。秋吉さんとの知的な会話の愉しみは文面に溢れていると思う。三十余年にわたって私の著作を編んでくださった筑摩書房の青木真次さんと、世代的にひときわモニュメンタルな本書を実現できたのは僥倖だった。いつものことながら本書の狙いを絶妙に引き立たせてくださった装幀の倉地亜紀子さん、美しい秋吉さんの肖像を本体表紙の装幀用に提供してくださった南信司さん、インタビューから資料蒐集まで意欲的にご協力くださった秋吉さんのマネージャー・松尾直子さんにも格別の謝意を捧げたい。

秋吉久美子

女優・詩人・歌手。一九七二年、松竹『旅の重さ』で映画初出演、その後、一九七三年製作の『十六歳の戦争』で初主演を果たし、一九七四年公開の藤田敏八監督『赤ちょうちん』『妹』『バージンブルース』の主演三部作で一躍注目を浴びる。以後は『八甲田山』『不毛地帯』のような大作から『さらば夏の光よ』『あにいもうと』のようなプログラム・ピクチャーまで幅広く活躍、『異人たちとの夏』『深い河』などの文芸作での主演で数々の女優賞を獲得。早稲田大学大学院公共経営研究科修了。

樋口尚文

映画評論家・映画監督。著書に『大島渚のすべて』『黒澤明の映画術』『実相寺昭雄 才気の伽藍』『グッドモーニング、ゴジラ 監督本多猪四郎と撮影所の時代』『ロマンポルノと実録やくざ映画 禁じられた70年代日本映画』『『砂の器』と『日本沈没』70年代日本の超大作映画』ほか多数。共著に『有馬稲子 わが愛と残酷の映画史』『女優水野久美』『万華鏡の女 女優ひし美ゆり子』『「昭和」の子役 もうひとつの日本映画史』など。監督作に『インターミッション』『葬式の名人』。早稲田大学政治経済学部卒業。

秋吉久美子《あきよしくみこ》　調書《ちょうしょ》

二〇二〇年九月二五日　初版第一刷発行

著　者　秋吉久美子《あきよしくみこ》
　　　　樋口尚文《ひぐちなおふみ》
発行者　喜入冬子
発行所　株式会社　筑摩書房
　　　　東京都台東区蔵前二―五―三　郵便番号一一一―八七五五
　　　　電話番号〇三―五六八七―二六〇一（代表）
装幀者　倉地亜紀子
印刷・製本　中央精版印刷株式会社

ISBN978-4-480-81854-6 C0074